Mon guide du zéro déchet

+100 conseils pour réduire vos déchets
sans changer votre vie !

B. BOUTERFAS
© 2021 - Tous droits réservés

Aucune partie de ce livre ne peut être reproduite sous quelque forme que ce soit sans l'autorisation écrite des détenteurs des droits d'auteur. Tous les efforts ont été faits pour s'assurer que les informations fournies sont conformes aux références. Nous nous excusons pour toute inexactitude qui aurait pu se produire et nous résoudrons les problèmes d'informations inexactes ou manquantes lors d'une éventuelle mise à jour.

Sommaire

Introduction 7

Aide-mémoire du zéro déchet 11

Le mythe de la poubelle 13

Mangez et cuisinez avec zéro déchet 16

Créez un foyer zéro déchet (ou presque) 34

Maintenez le zéro déchet dans les soins personnels 55

Voyagez à proximité et au loin avec zéro déchet 70

Construisez une garde-robe avec zéro déchet 79

Vivez à zéro déchet dans votre communauté 94

Vous êtes déjà un héros du zéro déchet 102

Remerciements 104

Introduction

Il y a des gens sur cette planète — dans différents pays, villes et villages — dont les déchets d'une année tiennent dans un seul pot en verre. Ces héros de l'environnement sont passés maîtres dans l'art de vivre aussi près que possible du zéro déchet.

Je ne fais pas partie de ces gens-là !

Le véritable zéro déchet, bien sûr, c'est lorsque tout ce que les humains produisent ou utilisent est consommé dans son intégralité (comme, par exemple, un sandwich), réutilisé (l'assiette en céramique sur laquelle se trouve le sandwich), recyclé (le sac en plastique dans lequel le pain était emballé) ou composté pour fertiliser le sol (le cœur de la feuille de laitue du sandwich). Rien n'est incinéré ou envoyé dans une décharge, ni ne se retrouve dans l'océan ou dans l'air pour polluer l'environnement.

De cette façon, nous ne laissons pas de marque indélébile (ou, honnêtement, de cicatrice) sur notre planète. Pas de décharges regorgeant de fauteuils jetés, de couches sales et de restes de nourriture enterrés si profondément qu'ils ne peuvent se décomposer naturellement et le font sans air, créant du méthane qui contribue au changement climatique. Pas d'incinérateurs de taille industrielle brûlant des matériaux dont nous n'avons plus besoin et assombrissant notre ciel de fumée et de produits chimiques. Pas de plastique — des sacs d'épicerie aux microbilles des gommages pour le visage — dans nos réserves d'eau, consommé par la vie océanique que nous mangeons à notre tour.

Il y a de quoi vous donner envie de freiner votre mode de vie actuel et d'attraper ce pot, non ? Sauf que pour la plupart d'entre nous, une fois que nous commençons à regarder autour de notre maison, de notre lieu de travail et même de notre voiture, il est incroyablement facile d'être submergé par la quantité de déchets générés chaque minute de chaque jour. En écrivant ce paragraphe, j'ai utilisé un mouchoir en papier et l'ai jeté dans la corbeille, j'ai écrit une liste de choses à faire sur une note autocollante, j'ai bu une gorgée dans un gobelet en plastique et j'ai envisagé de préparer des crevettes pour le dîner — des crevettes qui se trouvent actuellement dans un sac en plastique scellé dans mon congélateur. Je tape sur un ordinateur qui sera un jour usé, je consulte un téléphone qui deviendra obsolète et je suis protégée du soleil par des stores en nid d'abeille qui finiront par se casser et devront être remplacés.

Mais vous savez quoi ? J'ai un système de récupération de l'eau de pluie dans mon jardin, j'achète des meubles d'occasion, et à d'innombrables reprises, j'ai dit à mon petit garçon : "Pourquoi achèterions-nous ces biscuits emballés/ces costumes d'Halloween/ces décorations de fêtes alors que nous pourrions les faire nous-mêmes ?" En fait, de nombreuses idées contenues dans ce livre proviennent directement de ma propre vie.

Pour être honnête, je ne pourrais jamais faire passer ma famille et moi-même d'un foyer de consommation moderne typique à un foyer sans déchets en une seule transformation géante de notre mode de vie. C'est un engagement énorme en termes de temps, de budget, de ressources et de changement de comportement, et ce n'est tout simplement pas faisable pour le moment. Ce qui est faisable, en revanche, c'est d'incorporer de plus en plus de moyens de réduire nos déchets ménagers et personnels, une modification du mode de vie à la fois. Considérez que c'est (presque) zéro déchet.

Il n'est pas nécessaire d'adopter un mode de vie "tout ou rien" sans déchets pour vivre de manière plus durable et plus respectueuse de l'environnement. Chaque mesure que vous prenez pour réduire les déchets que vous créez — des gaz d'échappement des voitures aux emballages en plastique — diminue votre impact global sur votre communauté et sur la planète. S'efforcer activement d'atteindre le zéro déchet est un accomplissement en soi. Il s'agit de faire quelque chose dans un monde où, sur le plan environnemental, les mauvaises nouvelles sont nombreuses. L'homme a porté les émissions de gaz à effet de serre à des niveaux sans précédent, ce qui contribue au changement climatique. À l'échelle mondiale, nous déversons chaque année 2 milliards de tonnes de déchets dans les décharges. Un quart de la population mondiale connaît des niveaux extrêmes de manque d'eau, ce qui signifie qu'elle pourrait se trouver à une courte période de sécheresse d'une crise.

Donc si vous vous sentez inspiré de changer vos habitudes afin de réduire votre consommation de ressources naturelles, ou simplement de réduire les déchets que vous produisez, je suis ici pour vous dire que vous pouvez facilement le faire. Si fermer le robinet pendant que vous vous brossez les dents peut aider à économiser un peu d'eau maintenant pour en avoir plus tard au cas où nous en aurions vraiment besoin, faites-le. Si le fait d'utiliser les tessons du plat de service de votre grand-mère pour réaliser une jolie mosaïque permet non seulement de ne pas les envoyer à la décharge, mais aussi de préserver un souvenir visuel, faites-le. Chaque fois que l'un de nous refuse une paille ou une poignée d'ustensiles en plastique, nous réduisons d'une manière ou d'une autre la quantité de plastiques à usage unique à éliminer.

Aide-mémoire du zéro déchet

Chaque petite chose que nous faisons fait une différence, et dans ce livre, j'ai décrit plus de cent changements que vous pouvez faire dans votre vie quotidienne pour réduire votre impact environnemental en termes de pollution, de consommation d'énergie, de gaspillage alimentaire, etc. Ces conseils pratiques concernent les déchets invisibles — ceux que nous ne "jetons" pas, comme les émissions des véhicules, l'énergie électrique et l'eau — ainsi que les déchets tangibles que nous voyons, comme les chaussures de course usées et la litière pour chat usagée. Essayez-en un à la fois, ou commencez-les tous demain — le choix vous appartient. Vous êtes le seul à savoir quelles options vous conviennent le mieux.

En fait, je suis prêt à parier qu'en ce moment même, vous pouvez regarder autour de vous, chez vous ou au bureau, et identifier une poignée de changements simples que vous pourriez faire. Nous savons ce que nous faisons "mal" ; il s'agit d'identifier une façon de le faire "bien" qui corresponde à votre style de vie individuel.

En lisant les stratégies et les idées (presque) zéro déchet de ce livre, vous commencerez à remarquer un schéma : chacune d'entre elles correspond parfaitement à l'un des comportements centraux d'un mode de vie zéro déchet. "Réduire, réutiliser, recycler" cette consigne n'est pas nouvelle, elle date des années 1970. Mais elle est facile à retenir et nous dit tout ce que nous devons savoir pour commencer à travailler à l'élimination des déchets.

Réfléchissez aux endroits où vous pouvez réduire les matériaux ou l'énergie que vous utilisez pour passer votre journée. Apportez votre propre tasse de voyage au café au lieu d'accepter un gobelet à emporter en papier recouvert de plastique (ils ne sont généralement pas recyclables, d'ailleurs).

Réutilisez les matériaux chaque fois que vous le pouvez. Avez-vous besoin d'acheter une tenue de soirée pour ce mariage, ou pouvez-vous en louer une ou l'emprunter à un ami ?

Recyclez tout ce que vous pouvez pour réduire la quantité de déchets qui partent à la décharge, condamnée à se décomposer en anaérobie (sans oxygène), libérant du méthane dans l'air et accélérant encore le changement climatique.

Le mythe de la poubelle

Nous sommes constamment en train de jeter des choses. Le gâteau d'anniversaire du bureau à moitié mangé ? Il est jeté à la fin de la journée. Les emballages de bonbons et les sachets de chips ? On les jette. Une paire de chaussettes trouées ? Jetée.

Nous ne pensons pas toujours à ce qui se passe ensuite, n'est-ce pas ? Nous jetons un article dans la poubelle, et de là, il va aux éboueurs, qui l'amènent à la décharge. Le gâteau, les sacs de chips et les chaussettes sont maintenant sortis de notre esprit et de notre vie.

Sauf qu'ils ne sont pas vraiment sortis de nos vies. Les déchets envahissent notre planète. Le recyclage est devenu une "bonne solution", contrairement à la décharge, qui est une "mauvaise solution". Mais cela ne peut pas être notre seule solution.

Nous devons recadrer l'idée de jeter les choses "à la poubelle". Prenons le gâteau d'anniversaire : aurait-il pu être offert à des collègues d'un autre service peu après la fin de la fête d'anniversaire ? Si le gâteau avait été entièrement mangé, et si le couteau et l'assiette utilisés pour le servir avaient été lavés et remis dans la cuisine du personnel, il n'y aurait rien à jeter du tout. Cette chaussette trouée (propre) ferait-elle un bon gant pour épousseter les plinthes et autres surfaces ? L'élimination du sac de chips peut demander un peu plus d'efforts — coupez et faites frire vos propres pommes de terre, peut-être...

– mais au moins, vous pouvez vous assurer d'acheter le sac de taille familiale et de manger une portion à la fois, plutôt que d'accumuler des sacs de portions individuelles (qui produisent plus de déchets par portion).

En commençant à mettre de côté vos épluchures de légumes pour les ajouter au tas de compost du jardin, en réduisant votre dépendance aux plastiques à usage unique comme les sacs à fermeture éclair et les couverts, et en vous demandant si un article endommagé ne pourrait pas être réparé au lieu d'être jeté, vous constaterez que vous produisez moins de déchets en général et que vous faites moins appel aux "bons" (recyclage) et aux "mauvais" (décharge). Zéro déchet ? Peut-être pas encore. Mais presque.

Si vous lisez ce livre sur un appareil, vous n'aurez pas besoin de vous demander ce que vous allez en faire une fois que vous aurez terminé. Si vous lisez un exemplaire papier, sachez que j'ai essayé de faire en sorte que tous les conseils donnés ici soient aussi concis et précis que possible, afin de ne pas gaspiller des pages et des pages faites de précieuse pâte de bois en bafouillant inutilement. Dans l'esprit du zéro déchet, une fois que vous aurez terminé ce livre, donnez-le à une bibliothèque ou à une librairie d'occasion, ou partagez-le avec un ami. Encouragez votre ami à le prêter à un autre ami une fois qu'il aura terminé, et ainsi de suite. Non seulement vous éviterez que ce livre ne se retrouve dans une décharge ou un centre de recyclage, mais vous ferez également passer le message que chaque choix que nous faisons peut nous rapprocher d'une vie (presque) sans déchets.

Mangez et cuisinez avec zéro déchet

Il fut un temps, il y a plusieurs générations, où la majorité du pays mangeait sans déchets. Lorsque vous élevez vos propres animaux, cultivez votre propre nourriture et préparez vos repas à partir de rien, vous générez très peu de déchets (surtout si vous compostez les restes de nourriture pour fertiliser votre prochaine culture). Cependant, nous vivons à l'ère moderne et beaucoup d'entre nous achètent une semaine de nourriture à la fois, ramenant à la maison des protéines animales emballées dans du film plastique et du polystyrène, des biscuits et des craquelins scellés dans des sacs en plastique à l'intérieur de boîtes en carton, des produits laitiers dans des récipients en plastique, et des fruits et légumes emballés dans du plastique. Ce que nous ne mangeons pas, nous le jetons souvent une fois la date de péremption dépassée, et ce que nous n'achetons pas à temps, les supermarchés, les restaurants et les autres magasins d'alimentation au détail doivent le jeter ou le donner à des œuvres caritatives.

Alors, comment revenir à cette façon plus efficace de manger, tout en continuant à profiter de la commodité de tout ce qui est préparé au supermarché, de la gastronomie, des en-cas dans les parcs de loisirs et de la nourriture pour les voyages en voiture ? Il existe des mesures, grandes et petites, que nous pouvons prendre tous les jours pour réduire la quantité de déchets alimentaires et connexes dans ce pays. Cette liste est un excellent point de départ, mais en vous mettant au défi de modifier vos habitudes de vie et d'adopter un régime alimentaire (presque) sans déchets, vous trouverez peut-être d'autres moyens de réduire ce que vous jetez, tout en appréciant chaque bouchée.

Débarrassez-vous de la paille

Les pailles en plastique sont un exemple emblématique de l'omniprésence des plastiques à usage unique dans la vie moderne. Une statistique couramment citée (basée sur les données des fabricants de pailles) est que, rien qu'aux États-Unis, 500 millions de pailles sont utilisées chaque jour. Malheureusement, certaines de ces pailles deviennent des déchets lorsque les gens ne les jettent pas correctement. D'autres se retrouvent dans le bac de recyclage, mais comme les pailles sont légères, elles risquent de ne pas être triées correctement à l'usine de recyclage et de finir en déchets. Lorsque les pailles en plastique se retrouvent dans nos océans, elles finissent par se décomposer en microplastique et sont consommées par des créatures marines comme les poissons et les oiseaux de mer — avec des conséquences souvent fatales.

Pour beaucoup d'entre nous, la réponse est simple : utilisez des pailles en acier inoxydable, en verre, en silicone ou en bambou à la maison, et emportez des pailles de voyage lorsque vous êtes en déplacement (rincez-les rapidement après avoir terminé, puis nettoyez-les soigneusement une fois à la maison). Si certaines personnes ayant des besoins particuliers ou des circonstances spécifiques doivent utiliser des pailles en plastique pour boire efficacement, le reste d'entre nous peut faire sa part pour réduire la quantité de pailles en plastique utilisées quotidiennement.

Ne commandez que la quantité de nourriture que vous pouvez manger

C'est un conseil classique des experts en voyages économiques : pour réduire les frais de restaurant, commandez un apéritif (ou deux) au lieu d'une entrée. Mais ce n'est pas seulement une tactique pour économiser de l'argent, c'est aussi une tactique qui permet de réduire le gaspillage alimentaire. Tout ce que vous laissez dans votre assiette, bien sûr, ira directement à la poubelle une fois que votre serveur l'aura retirée de votre table. Et comme le repas moyen au restaurant contient 1 200 calories, soit environ la moitié de l'apport quotidien recommandé, il est fort probable que vous ne nettoyiez pas votre assiette. Dans l'ensemble, le secteur de la restauration génère environ 11,4 millions de tonnes de déchets alimentaires par an. Contribuez à réduire ces déchets en ne commandant que ce que vous pouvez manger en une seule fois.

Apportez vos propres récipients à emporter

Vous n'avez pas aussi faim que vous le pensiez ? Vous n'avez pas pu résister au plat du jour (ou, plus tentant encore, aux offres de repas à emporter que proposent certaines chaînes de restaurants) ? Pas de problème : assurez-vous simplement de glisser un récipient écologique dans votre sac avant de quitter la maison. Ensuite, après votre repas, selon le niveau de fantaisie du restaurant, vous pouvez soit pousser délicatement les restes de votre assiette dans votre récipient, soit demander au serveur de le faire pour vous en cuisine. Un récipient en acier inoxydable avec une fermeture hermétique constitue une option intelligente et durable.

Évitez les plats à emporter

Faites-vous plaisir — et protégez la planète — en évitant les plats à emporter ou à livrer. Les plats à emporter arrivent généralement dans un sac en plastique ou en papier (parfois emboîté l'un dans l'autre), dans un ou plusieurs récipients en plastique, en carton ou en mousse de polystyrène — parfois divisés par des morceaux de carton pour plus de stabilité — avec des ustensiles en plastique et des serviettes en papier. Préparez plutôt un repas à la maison ou prenez un repas à emporter, où vous pouvez apporter vos propres ustensiles, une serviette en tissu et un récipient à emporter pour les restes si vous le souhaitez.

Faites infuser votre café noir à la maison

Que vous soyez un fanatique de la verseuse ou que vous préfériez l'infusion à froid, préparer vos propres boissons à base de café à la maison (et les transporter dans votre porte-boisson réutilisable préférée) est le moyen le plus simple d'obtenir votre dose, d'éliminer les déchets provenant du café à emporter (gobelets en papier, couvercles en plastique, reçus de magasin) et de garder le contrôle sur les déchets de café provenant de la préparation dans n'importe quel environnement. Compostez le marc de café à décomposition lente pour ajouter de l'azote et d'autres nutriments à votre mélange, et peut-être même attirer plus de vers (qui sont essentiels pour l'aération, ce qui permet à votre futur engrais d'être très sain). Mais ne vous lancez pas dans des idées de gommage corporel : le marc de café est connu pour boucher les canalisations.

Passez au thé en vrac

Ces dernières années, de nombreux fabricants de thé (mais pas tous) ont remplacé les sachets en plastique par des sachets en papier, mais la colle utilisée pour sceller chaque sachet, qui pourrait ne pas être biodégradable, suscite toujours des inquiétudes. Ce que cela signifie pour vous : elle ne se décomposera jamais complètement dans une décharge ou dans votre compost. Pour réduire véritablement les déchets, optez pour des thés en vrac. Ils sont souvent proposés dans des boîtes de conserve décoratives et réutilisables (ou vous pouvez toujours apporter votre propre boîte chez votre nouveau détaillant de thé en vrac préféré), et dans un plus grand nombre de variétés et de mélanges que ce que vous pouvez trouver dans les rayons d'un supermarché. Pour préparer une tasse, placez la portion de feuilles de thé suggérée dans une boule à thé en acier inoxydable, mettez-la dans votre eau chaude pour qu'elle infuse, et dégustez !

Achetez en vrac

Non, nous ne parlons pas d'acheter une énorme boîte de snacks en portions individuelles dans le centre commercial le plus proche. Vous pouvez en fait trouver des bacs en vrac de céréales, de haricots, de noix, de fruits secs, de café, de thé, de farine, de sucre et même d'aliments préparés comme les céréales et les granolas dans les grands supermarchés et les petits marchés indépendants. Certaines coopératives et autres marchés indépendants proposent même des liquides comme le vinaigre et l'huile en vrac, ainsi que certains beurres de noix. Consultez le site Web d'un magasin ou passez le voir avant d'acheter pour savoir s'il y a des restrictions concernant les clients qui apportent leurs propres récipients. Une fois que vous connaissez les règles, apportez vos propres sacs en tissu, vos bocaux en verre ou d'autres récipients respectueux de l'environnement et demandez au vendeur de peser (tare) votre récipient avant d'y ajouter des aliments afin de ne pas être facturé en plus pour le poids de votre récipient. N'oubliez pas d'étiqueter vos bocaux pour vous souvenir de ce que vous avez en main une fois que vous les aurez ramenés à la maison — un crayon gras ou un crayon pour marquer le verre directement sur le récipient fera l'affaire sans créer plus de déchets.

Maximisez les viandes

Comme les autres produits d'épicerie, les viandes (poulet, bœuf, poisson, etc.) peuvent souvent être achetées dans votre propre récipient. Il suffit de demander au supermarché local, au boucher ou au vendeur de la ferme. Dans la cuisine, transformez le dîner de ce soir, qui était un repas à usage unique, en un repas réutilisé : conservez les os dans le congélateur jusqu'à ce que vous en ayez suffisamment pour les faire mijoter avec de l'eau et des aromates afin de préparer votre propre bouillon. De même, les carapaces de crevettes et de homards, ainsi que le liquide de cuisson des moules et des palourdes cuites à la vapeur, font un excellent bouillon de fruits de mer.

Évitez les emballages de portions individuelles

Oui, ils permettent de contrôler les portions, mais cette commodité s'accompagne d'un excès d'emballage, qu'il s'agisse de récipients ou de sacs en plastique, d'emballages métalliques ou de carton supplémentaire. Une meilleure façon de répartir les craquelins et autres collations : achetez le plus gros emballage disponible (après avoir vérifié les bacs de vrac), puis répartissez le tout dans des contenants en acier inoxydable, des sacs à fermeture éclair en silicone ou de petits bocaux en verre réutilisables (comme des bocaux d'aliments pour bébés, des bocaux de cornichons, des bocaux de confiture ou des bocaux de salsa).

Préférez le verre ou le métal au plastique

De temps en temps, vous pouvez rencontrer un aliment ou un condiment que vous ne pouvez pas acheter en vrac. Dans ce cas, optez pour la version présentée dans un récipient en verre ou en métal, plutôt qu'en plastique. Une fois vidé et nettoyé, un bocal en verre, en particulier, peut être réutilisé de dizaines de façons différentes, pratiques et décoratives. Voici quelques idées :

- Organiseur de bureau (pour stylos, crayons, ciseaux, etc.)
- Organiseur de coiffeuse (pour les limes à ongles, les crayons de maquillage et les pinceaux)
- Vase
- Verre à boire
- Récipient pour sauce salade
- Présentoir à coquillages
- Mini terrarium
- Récipients pour herbes séchées et épices
- Mini jardin d'herbes aromatiques
- Art du sable

Planquez des sacs réutilisables partout

Dans votre voiture. Dans le panier de votre vélo. Dans votre cabas, votre sac à dos ou votre porte-documents. Dans votre sac à main. Ainsi, vous n'aurez jamais à accepter un sac en papier ou en plastique lorsque vous ferez vos achats dans une épicerie ou un marché de producteurs. Et lorsque vous en utilisez un (ou plusieurs), dès que vous les apportez à la maison et que vous déballez vos articles, remettez immédiatement les sacs à leur emplacement d'origine. (Car un sac réutilisable ne peut pas contribuer à sauver la planète s'il est rangé dans votre placard à manteaux.)

Mais ne sortez pas pour acheter de nouveaux sacs réutilisables

Nous pensons que les sacs à provisions en plastique fin sont le summum du gaspillage environnemental, mais certaines recherches ont déterminé que le processus de fabrication des sacs réutilisables (en coton ou autre) a un impact négatif plus important sur l'utilisation de l'eau, la pollution de l'air, le changement climatique et l'appauvrissement de la couche d'ozone. En fait, selon l'étude d'évaluation du cycle de vie des sacs d'épicerie menée par le ministère danois de l'Environnement et de l'Alimentation, un sac en coton biologique devrait être réutilisé 149 fois pour avoir le même impact sur le changement climatique qu'un sac en plastique. Que faut-il en retenir ? Si vous avez des sacs en plastique chez vous, utilisez-les aussi souvent que possible avant de les déposer dans un bac de recyclage (cherchez les boîtes spécifiques dans votre épicerie, ou vérifiez s'il existe des points de dépôt centraux à votre mairie ou à votre bibliothèque publique). Et si vous avez des sacs en coton ou en d'autres matières textiles, utilisez-les encore et encore, mais ne vous précipitez pas pour acheter un nouveau lot de sacs écologiques, car vous pourriez faire plus de mal que de bien.

Cultivez votre propre nourriture

Si vous avez un rebord de fenêtre ensoleillé, vous pouvez faire pousser des herbes aromatiques. Un balcon ? Des tomates en jardinière. Un carré dans votre jardin ? N'importe quel fruit ou légume que vous voulez (qui se trouve à prospérer dans votre situation géographique). Le moyen le plus simple de réduire votre empreinte écologique est de cultiver votre propre nourriture, directement dans votre jardin. La distance entre la ferme et la table ne pourrait pas être plus courte, vous contrôlez tout, des graines à la terre (il n'y a donc aucune chance que des engrais ou des insecticides cancérigènes soient utilisés), et vous mangerez naturellement en fonction des saisons. De plus, vous pouvez composter les déchets de production et parfois les plantes elles-mêmes (tant qu'elles ne sont pas malades) à la fin de la saison, puis utiliser ce compost pour nourrir les cultures de l'année suivante. Les légumes les plus faciles à cultiver à partir de graines sont : haricots, betteraves, carottes, concombres, chou frisé, laitue, pois, citrouilles, radis et courges.

Mangez au rythme des saisons

Plus la distance parcourue par un fruit ou un légume entre la ferme et votre table est courte, plus son impact environnemental est faible. Si cela signifie que ceux d'entre nous qui vivent dans un climat quatre saisons doivent renoncer à leur envie de myrtilles au cœur de l'hiver, cela se traduira par un moindre gaspillage de carburant. Un moyen facile d'y parvenir est de faire ses courses au marché de producteurs — tout ce qui s'y trouve doit être local et saisonnier. S'il n'existe pas de marché de producteurs ouvert toute l'année dans votre région, surveillez les étiquettes indiquant "produits locaux" dans votre supermarché. Comme de plus en plus de gens prennent conscience de l'impact de l'achat d'une tomate qui a traversé au moins un continent avant d'être achetée, les magasins deviennent de plus en plus transparents quant au lieu de culture d'un fruit ou d'un légume.

Cuisinez avec les restes de fruits et de légumes

Saviez-vous que les fanes de radis, les fanes de rampes (les rampes sont des cousines des poireaux et des échalotes) et les feuilles de betteraves font toutes un délicieux pesto ? Les feuilles de carotte peuvent être sautées avec de l'ail et de l'huile comme des épinards ou du chou frisé, ou mélangées à une savoureuse sauce. Vous pouvez également manger les feuilles de navet, de brocoli, de chou-fleur et de chou de Bruxelles (il suffit d'enlever les côtes coriaces au préalable) - comme les feuilles de patate douce, elles sont bonnes sautées ou ajoutées aux soupes. Autre conseil pour les soupes sans déchets : les tiges de chou frisé lacinato hachées ajoutent du corps et de la texture tendre et croquante aux soupes de haricots et autres. D'autres façons créatives de manger les parties des fruits et légumes que nous jetons habituellement :

- Bouillon de légumes : Conservez les bouts de carottes, d'oignons, de céleri et d'autres légumes, ainsi que les tiges d'herbes comme

le persil, au congélateur jusqu'à ce que vous en ayez assez pour faire un bouillon savoureux.
- Sucre vanillé : Ajoutez la gousse de vanille grattée à un récipient de sucre cristallisé et conservez-la jusqu'à ce qu'elle soit parfumée.
- Zestes d'agrumes confits : Portez à ébullition, puis laissez mijoter dans une solution de sucre et d'eau.
- Purée d'épis de maïs : utilisez les épis de maïs pour préparer un bouillon de maïs savoureux avec de l'oignon, du céleri et d'autres aromates, puis ajoutez des grains entiers et en purée à la purée vers la fin.

Donnez une seconde vie aux autres déchets alimentaires

Le pain rassis fait d'excellentes miettes de pain (passez-le au robot culinaire et congelez-le jusqu'à ce que vous en ayez besoin) ou des croûtons (coupez-les en cubes, mélangez-les avec de l'huile, de l'ail et des herbes, puis faites-les cuire au four), ainsi que du pain perdu, du pudding aux baies ou de la strate savoureuse. Les croûtes de fromage à pâte dure, comme le parmesan et le pecorino romano, peuvent être congelées et ajoutées à votre prochaine soupe lorsque le bouillon mijote, pour une riche saveur umami.

Planifiez votre menu

Un peu de planification des menus est très utile dans un mode de vie (presque) sans déchets. Lorsque vous planifiez vos repas, vous pouvez ensuite faire des listes d'épicerie détaillées et n'acheter que ce dont vous avez besoin et que vous savez que vous allez manger. Vous aimez les restes ? Prévoyez de doubler votre recette et de la manger pendant plusieurs jours. Vous détestez les restes ? Adaptez votre recette pour ne faire que le nombre de portions dont vous avez besoin pour un repas. Consultez votre calendrier et déterminez les jours où vous pouvez cuisiner et manger à la maison, le nombre de personnes qui mangeront les plats et le temps dont vous disposez pour les préparer (un mardi soir n'est peut-être pas le meilleur moment pour préparer un cassoulet végétarien). Si vous ne faites vos courses qu'en début de semaine, prévoyez d'utiliser les ingrédients les plus périssables en début de semaine (poulet, poisson, légumes déjà mûrs) et de garder les plus résistants pour la fin de la semaine (haricots et céréales).

Réutiliser l'eau de cuisson

Laissez votre eau de cuisson refroidir avant de la conserver au réfrigérateur pour une seconde utilisation. Conservez l'eau des pâtes amylacées pour donner plus de corps aux soupes en purée (comme les chaudrées et les mélanges à base de courge, de pomme de terre et de chou-fleur). Réutilisez l'eau utilisée pour faire bouillir les légumes comme base pour les bouillons faits maison.

Si l'eau n'est pas salée, vous pouvez même l'utiliser pour arroser votre jardin d'herbes aromatiques, de fruits et légumes ou de fleurs.

Compostez les restes de nourriture

À première vue, il peut sembler inutile de composter les restes de nourriture, à moins que vous n'ayez un jardin qui bénéficierait de l'engrais riche en nutriments et de l'amendement du sol ainsi créé. Après tout, les aliments se décomposent, que ce soit dans une décharge publique ou dans le tas de compost de votre jardin, n'est-ce pas ? Si tout cela est vrai en apparence, la vérité est beaucoup plus profonde. Lorsque les restes de nourriture sont mis dans le sac à ordures de votre cuisine et transportés à la décharge, ils finissent par être enterrés profondément dans d'autres tas de déchets et se décomposent sans oxygène. Cette décomposition sans oxygène produit du méthane, un gaz à effet de serre qui contribue au changement climatique. En revanche, les déchets alimentaires qui sont compostés (par vous ou votre communauté) ont la possibilité de se décomposer dans un environnement riche en oxygène, de sorte qu'ils se décomposent sans dégager de méthane.

Les déchets alimentaires et les déchets de jardin (également compostables) représentent actuellement 30 % des déchets mis en décharge. Le compostage peut contribuer à réduire ce pourcentage et à préserver la qualité de l'air. De plus, il vous donne un formidable complément de sol que vous pouvez utiliser dans votre jardin d'herbes aromatiques et de légumes ou dans vos parterres de fleurs. Vos déchets alimentaires ont une seconde vie et aident de nouvelles plantes à pousser et à s'épanouir ; c'est un gain sur toute la ligne. Il est également facile de s'y mettre : vous avez besoin d'un petit récipient pour votre cuisine, où vous pouvez stocker les restes d'aliments pendant que vous cuisinez et préparez, ainsi que d'un grand récipient à compost extérieur, où la magie de la décomposition se produira.

Certaines personnes gardent un petit récipient à couvercle ou une poubelle sur leur plan de travail, où elles peuvent jeter les restes tout au long de la journée. Vous pouvez acheter un récipient conçu pour les déchets de compostage (certains sont équipés d'un filtre à charbon pour réduire les odeurs), ou vous pouvez en réutiliser un vous-même. Pour éviter d'attirer les mouches à fruits ou d'autres insectes, sortez votre compost tous les jours.

Pour composter vos déchets à l'extérieur, vous pouvez acheter un bac à compost ou en créer un vous-même en utilisant une clôture en bois, des palettes, une poubelle en plastique ou un autre récipient. (Vous n'avez même pas besoin d'un jardin pour cela — si vous avez de la place sur un balcon, essayez !) Les ingrédients essentiels d'un compost réussi sont le carbone, l'azote, l'humidité et l'air. En superposant différents matériaux de compostage, vous obtiendrez le bon mélange de carbone et d'azote, et en gardant le sol humide et en le retournant fréquemment, vous aiderez tout à se décomposer correctement. Certaines choses ne peuvent pas être compostées, notamment les déchets d'animaux, les produits d'origine animale (lait ou viande), les déchets de jardin et les plantes traitées avec des pesticides. Sinon, voici la liste des matières que vous pouvez composter en toute sécurité :

Matières compostables riches en azote :

- Sciure de bois
- Copeaux de bois
- Aiguilles de pin
- Feuilles séchées
- Paille
- Papier et carton recyclés
- Herbe séchée
- Papier déchiqueté
- Papier journal déchiqueté
- Terreau

Matières compostables riches en carbone :

- Déchets de fruits et légumes
- Pelures d'agrumes
- Marc et filtres à café
- Riz, pâtes, pain et céréales non gras
- Sachets de thé (assurez-vous que les sachets sont compostables)
- Coquille d'œuf et de noix
- Noyaux
- Fleurs coupées ou séchées
- Plantes d'intérieur

Faites votre propre nourriture pour bébé

Pendant que vous cuisinez des légumes et d'autres aliments complets pour la soirée ou la semaine, pourquoi ne pas en faire une purée pour le petit ? Votre pédiatre peut vous donner une liste d'aliments de départ adaptés à l'âge et au stade de développement de votre bébé. Ensuite, faites le tour de votre jardin ou de votre marché local pour trouver les meilleurs produits disponibles, puis cuisinez-les et réduisez-les en purée jusqu'à obtenir la bonne consistance. Conservez-les dans des bocaux allant au congélateur ou congelez des portions individuelles dans des bacs à glaçons et utilisez-les au besoin.

Achetez une machine à eau pétillante

Si les bulles sont votre vie, vous avez deux options : continuer à acheter la plus grande bouteille d'eau gazeuse en plastique ou en verre que vous pouvez trouver, ou acheter une machine à eau pétillante pour avoir des bulles sur demande à tout moment, servies dans votre propre bouteille réutilisable. Pour vous rassurer, considérez le nombre de bouteilles d'eau gazeuse que vous consommez en un mois, multipliez-le par douze et imaginez ces bouteilles alignées à côté d'une machine à eau pétillante. Une machine vous durera des années, et les seuls matériaux que vous devrez recycler sont les cartouches de CO_2 qui donnent à votre boisson son pétillant.

Sachez ce que signifie la date sur vos aliments

"À vendre avant", "meilleur avant ", " à consommer avant"... les termes et les dates figurant sur les produits d'épicerie comme les produits laitiers, les viandes et les aliments emballés peuvent prêter à confusion - et sont à l'origine d'environ 20 % du gaspillage alimentaire à la maison. Les fabricants utilisent des termes différents pour informer les consommateurs que la nutrition, la qualité et le goût d'un produit sont garantis jusqu'à cette date, mais pas après. Ce que ces dates ne signifient pas, c'est que le produit se gâte immédiatement ou devient impropre à la consommation une fois la date passée. En fait, pour dissiper cette confusion, un soutien est actuellement encours de l'industrie alimentaire dans ses efforts pour rationaliser le langage utilisé pour tous les produits, de sorte qu'à l'avenir, vous ne verrez plus que les mots "À consommer de préférence avant le".

Créez un foyer zéro déchet (ou presque)

Chaque année en France, un habitant produit 513 kg d'ordures ménagères. Et si une partie de ces déchets est certainement jetée lors de déplacements — au travail, à l'école, en faisant les courses — la plupart sont probablement jetés à la maison (surtout si l'on considère que les déchets comprennent tout ce que nous jetons après usage, notamment les vieux canapés, la vaisselle cassée, les cahiers usagés, les tapis usés, etc.)

Il est clair qu'il y a beaucoup de choses à améliorer, et c'est une excellente nouvelle, car cela signifie que beaucoup de ces idées seront faciles à mettre en œuvre dans votre propre vie. Il ne s'agit pas d'opérer des changements radicaux dans toutes les pièces de votre maison ni de faire en sorte que votre famille cesse ses habitudes de consommation et vive comme nos ancêtres. Au contraire, comme pour tout ce qui concerne le zéro déchet (ou presque), il s'agit de prendre des décisions réfléchies dans votre vie quotidienne et de planifier soigneusement les décisions importantes à prendre à l'avenir.

Votre foyer devrait être l'endroit le plus facile pour commencer à travailler vers un mode de vie (presque) zéro déchet. Ici, vous n'avez pas besoin d'un gobelet à emporter avec une paille, ni de quatorze sacs pour transporter vos courses, ni de shampooings en format échantillon pour vous laver les cheveux. Contrairement à ce qui se passe au travail, à l'école, au restaurant ou ailleurs, vous n'êtes pas à la merci des décisions de quelqu'un d'autre. Vous pouvez choisir des articles en papier recyclé, contrôler le thermostat et décider vous-même de la façon de gérer votre maison et la vie que vous y avez construites afin que votre impact sur la planète soit aussi faible que vous le souhaitez.

Fabriquez votre propre liquide de nettoyage tout usage

Vous voulez vous débarrasser d'une étagère pleine de produits de nettoyage ménagers dans de nombreux flacons et bidons en plastique ? De nombreux professionnels de l'entretien ménager ne jurent que par un chiffon humide et un peu de muscle, même pour nettoyer des vitres crasseuses. Mais si vous aimez vaporiser une solution sur les comptoirs, la porcelaine et autres surfaces, réutilisez un vieux flacon pulvérisateur et remplissez-le d'un volume d'eau pour un volume de vinaigre blanc. Vous pouvez utiliser le mélange tel quel ou créer un mélange personnalisé avec quelques gouttes d'huile essentielle de citron ou votre parfum naturel préféré. Pour les taches tenaces, même sur le granit, une pâte de bicarbonate de soude et d'eau est également très efficace.

Utilisez des chiffons en coton plutôt que des serviettes en papier

De nombreux chiffons en coton ont des inconvénients sur le plan environnemental. Les serviettes en microfibres sont excellentes pour attraper et retenir les particules de poussière et de saleté, mais elles peuvent perdre des fibres microplastiques lorsqu'elles sont lavées (qui finissent ensuite dans les rivières, les océans et d'autres plans d'eau - et potentiellement dans le système digestif des fruits de mer que nous mangeons), et ne sont pas universellement recyclables. Même le coton, une fibre naturelle, a fait l'objet d'un examen minutieux en raison de sa forte dépendance à l'égard des pesticides chimiques, des grandes quantités d'eau et des vastes terres agricoles. Mais lorsque vous réutilisez du coton que vous avez déjà chez vous — un vieux T-shirt, un drap de lit ou une serviette de bain découpée — vous compensez le fardeau environnemental créé lors de la fabrication de cet article et vous épargnez ainsi des rouleaux et des rouleaux de serviettes en papier.

Utilisez des éponges 100 % cellulose

Les éponges synthétiques habituelles sont à base de plastique, ce qui signifie qu'elles sont accompagnées de tous les microplastiques et de toutes les substances vivantes que l'on connaît. Si l'on considère que la plupart des experts recommandent de remplacer votre éponge de cuisine chargée de bactéries toutes les deux semaines à un mois, cela fait beaucoup de déchets qui vont directement à la décharge juste pour pouvoir nettoyer votre couteau de chef. Achetez plutôt des éponges en cellulose d'origine végétale. Fabriquées à partir de pulpe de bois, ces éponges sont biodégradables et même compostables. Pour réduire encore plus les déchets, recherchez des éponges en cellulose qui sont emballées de façon minimale dans un petit manchon en papier ou en carton, plutôt que scellées dans un film plastique.

Éliminez les mauvaises herbes avec de l'eau de cuisson bouillante

Pourquoi utiliser l'eau une fois quand on peut l'utiliser deux fois ? Non seulement l'eau de cuisson peut être réutilisée dans d'autres recettes, mais vous pouvez également l'utiliser pour éliminer les mauvaises herbes sur les trottoirs, les allées et autres endroits où vous ne voulez pas qu'elles poussent. Une fois que vous avez retiré vos pâtes ou vos légumes de l'eau, assurez-vous qu'elle est encore bouillante avant de la retirer délicatement de la cuisinière. Sortez dehors et, en prenant soin de ne pas vous éclabousser les pieds ou les jambes, versez l'eau bouillante sur les mauvaises herbes. Cette méthode fonctionne mieux pour les mauvaises herbes isolées qui poussent dans les fissures du ciment ou de l'asphalte ; si vous versez de l'eau bouillante sur les mauvaises herbes qui poussent au milieu de votre jardin ou de votre pelouse, vous tuerez à la fois les plantes indésirables et les bonnes.

Procurez-vous un collecteur de pluie

Les plantes d'intérieur et d'extérieur peuvent prospérer grâce à l'eau de pluie collectée, encore plus que l'eau du robinet. Contrairement à l'eau du robinet dans de nombreuses régions, l'eau de pluie ne contient pas de fluor, de chlore ou d'autres produits chimiques et minéraux qui peuvent empêcher la croissance des plantes. Les barils de pluie sont utilisés pour recueillir l'eau de pluie des descentes de gouttière afin que vous puissiez l'utiliser pour arroser vos plantes et même pour laver votre voiture. En plus de fournir une boisson naturelle et non traitée à vos plantes, la collecte de l'eau de pluie permet également de conserver l'eau du robinet, d'économiser sur votre facture d'eau et de réduire les risques d'inondation de votre propriété. Vous pouvez trouver des barils fabriqués en plastique recyclé, en acier inoxydable, en céramique ou en bois.

Remplacez les sacs en plastique jetables à fermeture éclair

C'est difficile. Ils sont si pratiques, et pour beaucoup d'entre nous, ils font partie de notre vie depuis si longtemps. Mais dans les rangs des plastiques à usage unique, les sacs à fermeture éclair jetables (format snack, sandwich, pinte...) sont au même niveau que les pailles. Heureusement, il existe d'autres options intéressantes pour ranger les en-cas, les repas, les articles de toilette ou même les chargeurs de téléphone. Les boîtes en métal, les bocaux en verre et les récipients en bambou sont tous utiles. Mais si vous voulez vraiment un sac à fermeture éclair pour votre déjeuner, vos restes ou vos petits articles ménagers, un sac en silicone réutilisable est une bonne option, plus respectueuse de l'environnement. Bien que la silicone ne soit pas biodégradable, elle n'est pas toxique, elle ne se dégrade pas à des températures extrêmes et elle est extrêmement durable. Donc, si vous devez choisir entre passer par une boîte de quarante-cinq sacs en plastique par semaine ou acheter un sac en silicone et le garder pendant des décennies, sachez que le silicone est meilleur et moins gaspilleur. Vous pouvez trouver des sacs en silicone étanches et lavables, avec fermeture éclair, de différentes tailles pour répondre à tous vos besoins.

Utilisez des serviettes de table en papier recyclé et compostable

Combien de serviettes de table utilisez-vous au cours d'un repas ? Même si vous vous limitez à une seule, vous utiliserez 1 095 serviettes de table en un an. En dix ans, cela fait 10 950 serviettes. Dans une vie de soixante-quinze ans, cela fait 82 125 serviettes. Si vous n'utilisez pas déjà des serviettes en papier fabriquées à partir de papier recyclé (idéalement, du papier 100 % recyclé) et non blanchies à l'eau de Javel, c'est une bonne idée de commencer à le faire maintenant. Si les serviettes en papier, comme les mouchoirs et les serviettes en papier, ne sont pas recyclables, elles sont compostables, à condition qu'elles ne soient pas grasses ou contaminées par des produits chimiques provenant de produits de nettoyage. (Une raison de plus de fabriquer votre propre spray nettoyant entièrement naturel et d'utiliser des chiffons lavables pour le nettoyage).

Mieux encore, passez aux serviettes de table en tissu

En fabriquant des serviettes de table à partir de chutes de tissu que vous possédez déjà — linge de lit, denim, tissu éponge ou torchons en coton effilochés ou tachés — vous réduisez non seulement votre dépendance aux serviettes en papier, mais vous donnez également une seconde vie au tissu, réduisant ainsi son empreinte écologique. (Le coton, par exemple, est une fibre dont la culture et la production sont très gourmandes en ressources, consommant de l'eau et de la terre et dépendant fortement des pesticides). Si vous savez coudre un simple ourlet, à la main ou à la machine, vous pouvez fabriquer des serviettes de table en tissu que vous pourrez réutiliser à l'infini et même emporter avec vous au restaurant ou lorsque vous prenez votre déjeuner de bureau en semaine.

Réparez, ne remplacez pas

Si vous voulez être (presque) zéro déchet, essayez de canaliser le bricoleur qui est en vous dès que quelque chose se casse. Le porte-serviette est tombé du mur ? Vous n'avez pas besoin d'en acheter un nouveau ; apprenez à le réparer (vous pouvez par exemple utiliser un ancrage mural cette fois-ci). Votre table basse est un peu bancale ? Ne commencez pas à en acheter une nouvelle ; prenez un tournevis, retournez-la et resserrez les pieds. Vous en avez assez de regarder votre ensemble de chambre à coucher qui date et qui vous a été donné en héritage ? Un décapant non toxique (ou même une bonne quantité de papier de verre) suffit pour préparer le bois et le rendre apte à recevoir une nouvelle finition moderne (non toxique). Avant de décider de remplacer un objet ménager, faites quelques recherches pour voir si vous pouvez le réparer ou le remettre à neuf. Cherchez des vidéos pratiques sur tous les sujets, de l'utilisation d'une perceuse à l'arrêt des toilettes (sans acheter de nouvelles pièces).

Réutilisez tout

Prenez l'habitude de regarder un objet indésirable dans votre maison et de vous demander ce que je pourrais faire d'autre avec cet objet. Retirez le plateau de la table à langer d'un bébé pour créer un rangement pour le linge dans un couloir. Transformez une vieille table d'appoint en une table de nuit utile. Un bol de céréales ébréché peut faire une jolie jardinière pour les plantes grasses ou une boîte à bijoux pour les bracelets. Les boîtes à cadeaux et à bijoux en carton font d'excellents organisateurs de tiroirs à rebuts. Des sacs de plage hors saison, spacieux et attrayants, peuvent contenir des serviettes de bain supplémentaires dans une salle de bains pour invités. Les chutes de tissu, de papier d'emballage ou de papier peint peuvent être encadrées et accrochées au mur. Recouvrez un cadre photo vide d'une feuille de liège pour créer un tableau en liège élégant pour votre bureau. Lorsque vous commencez à regarder les objets d'un œil neuf, leurs possibilités deviennent infinies.

Faites de l'artisanat avec des pelures alimentaires

Teignez les tissus (et les œufs de Pâques) naturellement avec des restes d'aliments comme les betteraves (pour les nuances de rouge et de violet), les noyaux d'avocat (rose pâle), le chou rouge (bleu), les pelures d'oignon (orange) et les épinards (vert). Dans certains cas, vous pouvez utiliser une centrifugeuse pour extraire les liquides colorés, ou faire mijoter les restes dans l'eau pour libérer leur couleur, puis les filtrer et les réduire pour concentrer la teinte. (Compostez les solides alimentaires qui sont filtrés).

Achetez une maison qui a déjà été habitée

Les démolitions et les maisons de construction neuve sont à l'opposé du zéro déchet. En une seule année, 227 millions de tonnes de déchets du BTP sont générées en France. Alors que les villes et les constructeurs mettent en œuvre de nouvelles procédures et politiques pour conserver davantage de matériaux de démolition en vue de leur réutilisation et employer des pratiques plus respectueuses de l'environnement, la façon la plus simple d'acheter une maison sans déchets est d'en acheter une qui a déjà été habitée par au moins un propriétaire. C'est la réutilisation à grande échelle.

Rénovez de manière responsable

Appliquez "réparez, ne remplacez pas" et "réutilisez tout" à tous les travaux de rénovation que vous entreprenez, petits ou grands. Pouvez-vous repeindre les armoires de cuisine selon vos goûts personnels, plutôt que de vider la pièce et de tout recommencer ? Les poignées de porte peuvent-elles être polies au lieu d'être changées ? Le lustre qui semble ostentatoire dans la salle à manger serait-il amusant et fantaisiste dans une chambre à coucher ? Jetez un regard créatif sur votre environnement et voyez comment vous pouvez utiliser les matériaux existants pour créer une maison qui reflète votre style.

Lorsque vous ne pouvez pas renouveler des éléments de votre maison, cherchez des matériaux d'occasion qui pourraient être parfaits pour votre projet. Qu'il s'agisse de baignoires, d'éviers, de revêtements de sol ou d'armoires, il existe toute une industrie consacrée à la revente de matériaux d'occasion pour la maison. Certaines entreprises enlèvent et revendent des cuisines entières, des armoires aux appareils électroménagers, à un prix inférieur à celui du marché, ce qui signifie que vous pouvez obtenir des matériaux d'occasion de meilleure qualité que ceux que vous auriez pu vous offrir autrement. Non seulement vous bénéficiez d'un look personnalisé et neuf, mais vous évitez aussi que ces matériaux ne soient mis en décharge.

Choisissez un revêtement de sol à faible impact

Vous posez de nouveaux sols ? Le bois dur récupéré constitue un choix écologique et unique. Les revêtements de sol naturels comme le linoléum, les tapis en laine ou en jute, le bambou et le liège sont tous des choix plus écologiques, à condition que les adhésifs, les supports et les produits d'étanchéité utilisés soient à faible teneur en COV (composés organiques volatils). Si vous optez pour des matériaux plus récents comme les revêtements de sol en vinyle ou les moquettes, choisissez des versions fabriquées à partir de matériaux recyclés. Autre option : au lieu d'une moquette murale, choisissez des dalles de moquette flottantes qui s'assemblent les unes aux autres pour créer un aspect unifié, mais qui peut facilement être remplacé une dalle à la fois en cas de dommages ou de taches.

Rendez le tri des déchets facile et pratique

Désignez un endroit central pour le papier, le verre, les métaux, les films plastiques (comme les sacs d'épicerie, les emballages plastiques fins et les sacs de nettoyage à sec), les ampoules électriques, les piles et tout autre matériau que votre communauté recycle. Si vous possédez déjà des récipients en plastique, continuez à les utiliser. Si vous devez acheter ou vous procurer des contenants, recherchez ceux qui sont faits de plastique recyclé à 100 %, ou faites preuve de créativité. Quel que soit votre choix, assurez-vous que vos poubelles sont grandes et facilement accessibles afin que vous preniez l'habitude de placer vos déchets dans le bon réceptacle, plutôt que de les jeter par défaut dans la poubelle.

Achetez tout recyclé — à commencer par le papier toilette

Saviez-vous que la plupart des papiers hygiéniques commerciaux sont produits à partir d'arbres anciens provenant de forêts séculaires ? Si chacun d'entre nous remplaçait un seul rouleau de papier toilette fabriqué à partir de fibres de forêts vierges par un rouleau de papier toilette à contenu 100 % recyclé, nous sauverions plus d'un million d'arbres.

Consultez cette liste d'autres articles ménagers populaires disponibles sous forme durable et/ou recyclée. (Nous espérons qu'au moment où vous lirez ces lignes, la liste sera encore plus longue).

- Papier hygiénique
- Serviettes en papier
- Serviettes de table
- Mouchoirs en papier
- Papier à lettres
- Papier d'emballage
- Carnets de notes
- Stylos
- Crayons
- Sacs poubelle en plastique
- Bouteilles en plastique
- Canettes en aluminium
- Sacs à provisions en papier
- Couvertures tissées
- Tapis de sol

- Paillassons
- Moquette
- Carreaux de sol
- Papier peint
- Tapis de yoga
- Meubles
- Vêtements
- Chaussures
- Bijoux

Achetez moins souvent de nouveaux objets

Un état d'esprit de consommateur zéro déchet pourrait ressembler à ceci : Ai-je besoin d'un nouvel objet ? Puis-je réutiliser ou réaffecter un objet que je possède déjà ? Puis-je me procurer cet objet d'occasion ? Pourrais-je l'emprunter à quelqu'un d'autre (de préférence quelqu'un de la région) ? Moins vous introduisez de nouveaux objets dans votre vie, moins vous devrez dépenser d'énergie pour savoir comment vous en débarrasser à la fin de leur cycle de vie.

Repensez à vos habitudes d'achat sur internet

Si vous avez vraiment besoin de cet article dans les vingt-quatre heures, n'est-il pas possible de l'acheter localement à pied ou à vélo plutôt que de le faire expédier ? Vous économiserez le carburant (et les émissions de carbone) nécessaire pour le transporter par avion ou par camion de l'entrepôt à votre porte, ainsi que le carton, le plastique et les autres emballages utilisés pour l'expédition. Si vous décidez de faire vos achats en ligne, voici comment réduire les déchets :

Choisissez l'option "ramassage au magasin local". C'est un peu le meilleur des mondes : vous pouvez parcourir les articles à l'infini depuis le confort de votre canapé, du bus qui vous ramène chez vous ou de la table de votre cuisine, puis vous pouvez aller chercher votre achat sur place, ce qui vous permet d'économiser les frais d'expédition et le carburant qu'il aurait fallu pour livrer l'article chez vous.

N'acceptez pas la commande en plusieurs envois. Assurez-vous de cliquer (ou de décliquer, selon le cas) sur la case de la page de paiement qui indique "Cette commande peut faire l'objet de plusieurs envois". Au lieu de cela, optez pour que tout soit emballé et expédié en une seule fois. Le délai de livraison sera peut-être un peu plus long, mais vous réduirez les emballages et les ressources utilisés pour vous livrer.

Remplacez les ampoules à incandescence par des ampoules LED

Lorsque les ampoules à incandescence de votre maison meurent, remplacez-les par des ampoules LED à faible consommation d'énergie. Les LED durent plus longtemps, consomment moins d'énergie et ne contiennent pas de mercure toxique comme les ampoules fluorescentes compactes. Les LED certifiées ne consomment que 20 à 25 % de l'énergie des ampoules traditionnelles et durent de quinze à vingt-cinq fois plus longtemps. Cela signifie moins de gaspillage d'énergie et moins d'ampoules jetées au cours d'une vie. Les ampoules LED sont disponibles dans une variété de couleurs et de nuances (chaudes et froides), sont souvent réglables et peuvent être utilisées à l'intérieur et à l'extérieur. Lorsque vos ampoules LED finissent par brûler, contactez votre centre de recyclage local pour vous en débarrasser correctement.

Investissez dans un thermostat programmable

Vous êtes occupé. Pourquoi vous mettre la pression pour vous rappeler d'augmenter la température de votre climatiseur de 25 °C lorsque vous êtes à la maison à 29 °C lorsque vous quittez la maison pour la journée ? Ne serait-il pas plus pratique (et, soyons honnêtes, plus fiables) de laisser un thermostat programmable le faire à votre place, ce qui vous permettrait d'économiser du temps et de l'énergie ? En hiver, vous pouvez programmer le thermostat pour qu'il passe automatiquement de la température de chauffage de jour recommandée de 20 °C à une température de nuit de 17 à 19 °C, ce qui correspond à la plage recommandée pour un sommeil confortable. Non seulement vous utiliserez moins de ressources pour chauffer et refroidir votre maison, mais vous économiserez également de l'argent.

Peignez une pièce (ou n'importe quoi) de la manière la plus durable possible

Il vaut toujours la peine de chercher dans votre région pour trouver de la peinture recyclée. Il est également possible de mélanger différentes couleurs de peinture au latex pour créer une teinte personnalisée. Si vous achetez de la peinture neuve, minimisez la possibilité d'inhaler des produits chimiques nocifs, qui perturbent souvent les hormones, ou de les envoyer dans les canalisations et dans les réserves d'eau pendant le nettoyage après peinture, en recherchant une peinture non toxique et entièrement naturelle. En fonction de votre projet, vous pouvez essayer la peinture à l'huile de lin naturelle et écologique. Comme elle ne peut pas être appliquée au rouleau, il est préférable de la réserver aux petits projets pour lesquels vous n'aurez pas peur d'utiliser un pinceau.

Éliminez le reste de la peinture correctement

Si vous avez déjà utilisé un pot de peinture au latex ou à l'huile pour peindre votre maison, il y a probablement un pot à moitié vide qui se trouve encore quelque part chez vous. La peinture est notoirement difficile à éliminer : vous ne pouvez pas la jeter avec les déchets non recyclables et vous ne pouvez pas la verser dans l'évier. La peinture à l'huile est considérée comme un déchet dangereux, et même si la peinture au latex ne l'est pas, des règles strictes régissent l'élimination des pots inutilisés ou partiellement utilisés. Heureusement, l'industrie de la peinture, certains organismes à but non lucratif et les communes s'efforcent d'améliorer les possibilités de se débarrasser de la peinture dont on n'a plus besoin.

Ne jetez pas vos plastiques existants

Avant de jeter tous les plastiques de votre maison dans le bac de recyclage dans le but de faire un grand ménage sans déchets, demandez-vous s'il n'est pas préférable pour la planète que vous continuiez à les utiliser, au moins pendant un certain temps encore. Si ce pot de fleurs en plastique dur est intact et parfaitement utilisable, il n'est pas nécessaire de transférer votre zinnia dans un pot en terre cuite. De même, si la boîte en plastique dans laquelle vous rangez vos vêtements hors saison est encore fonctionnelle, vous n'avez pas besoin d'en vider le contenu maintenant. Nous savons que le plastique présent sur la planète aujourd'hui nous accompagnera pendant de nombreuses générations (entre 450 et 1 000 ans, selon les estimations) ; la solution la moins coûteuse est donc de l'utiliser tant qu'il est là.

Abandonnez la litière pour chat

Oui, elle s'agglomère proprement, ce qui la rend facile à ramasser. Oui, elle masque l'odeur du pipi et du caca. Mais non, elle n'est pas biodégradable, elle restera donc à jamais dans une décharge (à côté des bouteilles d'eau en plastique et des vieux tubes de rouge à lèvres). Essayez plutôt une litière biodégradable faite de journaux recyclés, de maïs, de blé, de noix de coco ou de bois. La plupart de ces litières peuvent être compostées, mais uniquement pour le jardinage non alimentaire. Les déchets de chat sont considérés comme toxiques parce qu'ils peuvent contenir des parasites (ce qui est une raison de plus pour empêcher les chats des voisins d'entrer dans votre potager). Mais si vous disposez d'un tas de compost séparé pour la fertilisation non alimentaire, il est possible de composter la litière et les déchets de votre chat. Sinon, il suffit de les jeter dans un sac poubelle biodégradable et de les envoyer à la décharge, en sachant que vous avez au moins minimisé les déchets au maximum de vos possibilités.

Nettoyez après votre chien de manière responsable

Il existe un moyen simple de rompre votre dépendance à ces petits rouleaux de sacs à crottes qui s'accrochent à votre laisse, prêts à l'emploi dès que votre chien fait ses besoins. Remplacez les sacs en plastique traditionnels par des sacs compostables. Les sacs compostables se décomposent en quelques mois, s'ils sont compostés, mais si vous les jetez à la poubelle, ils resteront dans la décharge pendant des années, se décomposant en anaérobie à un rythme beaucoup plus lent. Comme pour les déchets de chat, vous devez utiliser le compost qui contient des déchets de chien uniquement sur les zones non alimentaires de votre jardin. Une autre option ? Ramassez les crottes de chien avec du papier journal, puis jetez-les dans les toilettes et tirez la chasse d'eau une fois rentré chez vous.

Renoncez aux équipements de pelouse à essence

Remplacez les souffleurs de feuilles et les tondeuses à gazon qui consomment beaucoup d'essence par des modèles électriques qui utilisent des batteries rechargeables ou, mieux encore, prenez un râteau ou une tondeuse à pousser pour ne brûler que de l'énergie humaine.

Remplacez les savons liquides par des blocs et des poudres

Le savon en bloc n'est pas seulement destiné à la salle de bains. Vous pouvez réduire votre consommation de plastique en achetant des blocs solides de savon à vaisselle, de détergent à lessive et de détachant au lieu de leurs équivalents liquides. Prises individuellement, les dosettes de lessive et de lave-vaisselle ne produisent aucun déchet — elles se dissolvent complètement à l'usage — mais l'emballage en carton ou en plastique dans lequel elles sont généralement présentées ne l'est pas.

Arrêtez de mettre automatiquement à niveau vos appareils mobiles

Oui, les nouvelles choses brillantes sont irrésistibles — jusqu'à ce que vous deviez trouver quoi faire avec les anciennes. Les Américains se débarrassent de millions de téléphones portables chaque année, et un sondage a révélé que 44 % des personnes mettent leur téléphone à niveau aussi souvent que leur fournisseur de services le permet, c'est-à-dire généralement tous les deux ans. Lorsque vous vous débarrassez de votre téléphone ou de votre tablette, ne le jetez pas. Envisagez plutôt de le donner à quelqu'un d'autre ou à une association caritative (s'il fonctionne encore), de le vendre ou de l'échanger contre un nouvel appareil, ou encore de le recycler dans un centre de recyclage électronique local (renseignez-vous auprès de votre municipalité pour savoir où il se trouve).

Faites de l'artisanat avec les déchets

Que vous gardiez ces déchets pour vos propres activités créatives ou que vous les donniez aux écoles locales pour qu'elles les utilisent dans leurs cours d'art, évitez de les jeter à la poubelle et réutilisez-les pour en faire des objets de beauté.

Offrez vos meubles à d'autres

Ce n'est pas parce que vous êtes fatigué de ce fauteuil en chêne blanchi ou que vous n'avez pas l'énergie de retapisser le canapé de votre grand-mère que quelqu'un d'autre ne serait pas intéressé. La prochaine fois que vous aurez une pièce à vous débarrasser, essayez ces options avant de l'envoyer à la décharge :

- Demandez à tous les membres de votre famille. Il est tout à fait possible qu'au lieu de voir le canapé de grand-mère quitter la famille, votre cousin vous en débarrasse.

- Proposez-le aux étudiants. Quand on meuble son premier appartement hors du campus, on est généralement moins pointilleux.
- Publiez-le sur un site de revente local. Faites-vous un peu d'argent ou donnez-le ; dans tous les cas, vous gagnez en l'envoyant dans un meilleur endroit.
- Offrez-le sur les médias sociaux. Offrir les meubles à votre groupe de voisinage présente des avantages supplémentaires : vous bénéficiez de la bonne volonté de donner à quelqu'un un meuble qu'il peut utiliser, et il n'a pas à se déplacer loin pour le récupérer.
- Faites-en don à un centre communautaire. Il est toujours utile de demander si votre centre communautaire local ou votre centre pour personnes âgées a besoin d'une table ou une chaise.
- Mettez-le en bordure du trottoir quelques jours avant le ramassage en vrac. Pour être bien clair, mettez un panneau indiquant "Gratuit". Un passant chanceux pourrait décider que c'est exactement ce qu'il faut pour sa maison et vous en débarrasser.

Maintenez le zéro déchet dans les soins personnels

Jetez un coup d'œil dans votre douche ou votre bain : que voyez-vous ? Si vous êtes comme la plupart des gens, vous verrez des bouteilles et des tubes en plastique de gel douche, d'après-shampooing, de shampooing et d'autres produits de soins personnels, ainsi qu'un ou deux rasoirs à manche en plastique, une houppette de douche en plastique et des jouets de bain en plastique si vous avez des enfants. Oh, et qu'en est-il de la doublure de votre rideau de douche ? À moins que vous n'ayez spécifiquement choisi un modèle sans PVC, il est probablement en vinyle.

Vous avez peut-être l'impression que vos habitudes en matière de santé, de beauté et de soins ne fonctionnent que grâce à la commodité du plastique et à la flexibilité des articles jetables. Lorsque la houppette de douche devient moisie ou commence à sentir mauvais, vous pouvez la jeter et en acheter une autre. Lorsque votre flacon géant de gel douche est épuisé, vous pouvez le recycler et en acheter un autre. Mais étant donné que le secteur de la beauté et des soins personnels représente 863 milliards de dollars, vous pouvez imaginer la quantité de déchets que nous produisons collectivement chaque fois que nous sommes à court de nos savons, crèmes, lotions et maquillages préférés.

Il existe des moyens de gérer vos soins personnels et de réduire la quantité d'emballages — plastiques ou autres — utilisés. Un nombre croissant de fabricants, grands et petits, expérimentent différentes options d'emballage, de l'utilisation de matériaux recyclés à la rationalisation des récipients de recharge. L'industrie de la beauté et des soins personnels n'est pas la seule à adopter de nouvelles approches plus respectueuses de l'environnement. Le monde de la santé et du fitness accorde autant d'attention au bien-être de notre planète qu'au nôtre. Voici différentes façons de réduire les déchets dans vos habitudes de soins personnels et de bien-être.

Achetez un nouveau rasoir (non jetable)

Une statistique fréquemment citée qui remonte à 1990 est l'estimation selon laquelle deux milliards de rasoirs et de lames jetables sont produits chaque année - et finissent probablement à la décharge. Ce chiffre ne semble pas avoir été mis à jour depuis trente ans (il a sûrement augmenté au cours de cette période), mais il est déjà assez effrayant comme ça. Les lames de rasoir étant tranchantes, et les rasoirs eux-mêmes ainsi que les cartouches de lames jetables étant souvent fabriqués en métal et en plastique, ils ne sont pas acceptés pour le recyclage. Si vous utilisez des rasoirs jetables, il est temps d'investir dans une option qui produit moins de déchets. Essayez un rasoir de sécurité en métal, en bambou ou en d'autres matériaux durables. Les lames en acier inoxydable ne sont pas enveloppées de plastique et de nombreuses personnes ne jurent que par la facilité d'utilisation de ces rasoirs, même sur une peau sensible, et par le rasage de près qu'ils permettent d'obtenir.

Laissez vos cheveux gris pousser

Si vous recherchez une approche zéro déchet de la coloration des cheveux, embrasser votre teinte naturelle est l'option la plus écologique qui soit. Fini les trajets en voiture jusqu'au salon pour une teinture chimique appliquée avec un pinceau en plastique, à partir d'un bac de mélange en plastique, à partir d'une formule qui a été expédiée au salon dans un flacon compressible en plastique emballé dans une boîte en carton ; au lieu de cela, laissez pousser votre couleur d'origine. (En vérité, il n'y a généralement pas de couleur de cheveux plus flatteuse pour votre peau que la teinte que vous avez déjà).

... Ou bricolez votre couleur avec des formules plus écologiques. Vous n'êtes pas convaincue que votre teinte naturelle est votre meilleur look ? Vous avez encore des options. Pour commencer, recherchez des produits de coloration contenant des ingrédients d'origine naturelle et sans ammoniaque (qui est corrosif et toxique à des niveaux élevés) ou p-phénylènediamine (qui est dérivé du pétrole). Si vous cherchez à teindre vos cheveux dans une nuance de la famille des rouges, bruns ou noirs, le henné est une option naturelle. Vous pouvez trouver du henné en poudre en vrac dans certains magasins de produits en vrac, et il existe également en barres.

Achetez des barres, pas des bouteilles

Une grosse giclée de gel de bain est agréable, mais une barre de savon peut être tout aussi luxueuse. Le shampooing en tube est pratique, mais une barre de shampooing l'est encore plus — elle ne se renversera jamais dans votre sac de voyage ! Outre les savons solides pour le corps et le visage, vous pouvez trouver des shampooings solides, des après-shampooings, des savons à raser, des lotions et des déodorants, le tout dans un emballage minimal comme des boîtes réutilisables ou du carton recyclé. Tout se résume à l'eau : vous pouvez acheter vos produits de soins personnels sous forme liquide et emballée dans des récipients en plastique, ou vous pouvez les acheter sous forme sèche et ajouter vous-même de l'eau si nécessaire.

Lisez attentivement les étiquettes des produits de nettoyage

Il y a quelques années, les microbilles ont fait couler beaucoup d'encre. Il s'agit de minuscules billes à base de plastique utilisées dans les gommages pour le visage et le corps, les nettoyants et les produits pour le bain. Ces microbilles sont balayées par les égouts, puis rejetées dans nos cours d'eau, et prises pour de la nourriture par les animaux marins, qui les mangent. Autant de mauvaises nouvelles. Mais lorsque les microbilles ont quitté les gros titres, il était facile de supposer que les fabricants de produits de soins personnels avaient cessé de les utiliser. Malheureusement, ce n'est pas du tout le cas. Vérifiez sur les étiquettes de vos produits préférés la présence d'ingrédients indiquant la présence de microbilles dans le mélange, comme le polyéthylène (PE), le polypropylène (PP), le polyméthacrylate de méthyle (PMMA), le nylon (PA), le polyuréthane et les copolymères d'acrylates.

Remplacez votre brosse à dents en plastique

En ce qui concerne la brosse à dents en plastique usagée, il n'y a pas vraiment de bonnes nouvelles, du point de vue de la réduction des déchets. Pour commencer, elle n'est probablement pas recyclable : elle est trop petite pour les machines de recyclage et est probablement composée de matériaux composites difficiles à séparer. Étant donné que les dentistes conseillent de changer de brosse à dents tous les trois mois, on estime qu'un milliard de brosses à dents sont jetées chaque année aux États-Unis. (Et c'est sans compter les brosses à dents électriques qui vont à la décharge, laissant potentiellement échapper des produits chimiques de leur intérieur électronique). Les brosses à dents en bambou sont une meilleure option : le matériau durable utilisé pour les manches est parfois même compostable, mais les poils en nylon utilisés dans la plupart des brosses à dents en bambou ne le sont pas, de sorte que vous devez les arracher avant de composter le manche. Vous pouvez également trouver des brosses à dents en plastique recyclé, des brosses à dents en aluminium recyclé avec des têtes remplaçables, ou même des brosses à dents en bois avec des poils qui peuvent être brûlées dans un foyer ou une cheminée après leur usure.

Utilisez un dentifrice avec un emballage minimal

Il est fort probable que les tubes de dentifrice ne fassent pas partie de votre collecte de recyclage. Même si votre collectivité recycle les tubes de dentifrice, vous devrez toujours rincer et sécher l'intérieur et l'extérieur du tube avant de le mettre dans votre bac de recyclage. C'est un effort louable, mais une solution qui demande moins d'efforts et qui a peut-être un impact plus positif serait de trouver d'autres solutions pour le dentifrice. Essayez certaines de ces autres options : les comprimés de dentifrice à mâcher et la poudre dentifrice en sachets recyclables ou en bouteilles de verre, le dentifrice en bocaux de verre ou le dentifrice naturel en tubes métalliques recyclables.

Repensez votre routine d'utilisation du fil dentaire

C'est effrayant de voir comment des pics de fil dentaire en plastique jetables apparaissent dans les endroits les plus étranges : parkings de magasins, rues des villes, parcs, plages. Votre première pensée pourrait être : qui se passe la soie dentaire ici ? Mais en y réfléchissant un peu plus, vous vous rendrez peut-être compte de la facilité avec laquelle ces petits plastiques légers peuvent tomber des sacs poubelles ou des bacs de recyclage et, bien sûr, finir sur nos côtes comme tant d'autres plastiques que nous jetons chaque année. Les petites boîtes de fil dentaire en plastique sont moins omniprésentes dans les lieux publics, mais tout aussi délicates à éliminer, car elles comportent souvent une partie métallique qui les rend presque impossibles à recycler. Une option plus proche du zéro déchet : Le fil dentaire rechargeable, fabriqué en soie et non en plastique ou en fil plastifié, est présenté dans un récipient en verre rechargeable avec un couvercle en acier inoxydable. D'autres marques à déchets réduits sont proposées dans des récipients en carton compostable plutôt qu'en plastique. Une autre option consiste à utiliser un pic à eau, c'est-à-dire un irrigateur buccal pulsé, qui est un appareil électronique portatif qui projette un jet d'eau fin et puissant le long de la ligne gingivale et entre les dents. Cependant, aucune étude n'a encore permis de déterminer si le pic à eau est aussi efficace que le fil dentaire pour éliminer la plaque dentaire entre les dents, et vous devez également vous demander comment vous débarrasser de votre pic à eau lorsqu'il ne fonctionne plus ou que vous vous en lassez.

Abandonnez les lingettes pour bébé — pour tous les membres de la famille

Au fil des ans, les lingettes pour bébé ont quitté la chambre d'enfant, car des personnes de tous âges ont adopté la sensation de propreté supplémentaire que procure l'utilisation de lingettes jetables. Mais ni les lingettes humides emballées destinées à changer les couches des bébés ni les lingettes pour soins personnels destinées aux derrières de tous les âges ne sont écologiques. Si ces lingettes — dont beaucoup contiennent des fibres de plastique — ne se dégradent pas dans l'eau, il n'y a aucune raison de s'attendre à ce qu'elles se dégradent de manière raisonnablement rapide dans une décharge. Pour les bébés, essayez de garder à portée de main une pile de chiffons ou de gants de toilette en coton biologique ou en bambou (ou même des draps de lit ou de vieux T-shirts en coton) que vous pouvez mouiller ou humidifier pour les utiliser, puis les laver en machine dans la même machine que les couches lavables. Vous pouvez également faire de même pour les adultes de la maison, en gardant une petite poubelle à couvercle dans la salle de bain pour les linges usagés.

Savonnez-vous avec un gant de toilette

Les loofahs en nylon peuvent donner une bonne mousse, mais ils retiennent les bactéries et les moisissures, ce qui incite les experts à recommander de les remplacer tous les quelques mois… ce qui signifie que si vous les utilisez correctement, vous en envoyez quatre ou plus directement à la décharge chaque année, où ils vivront éternellement. Une meilleure option ? Des gants de toilette dans le tissu durable et à faible impact de votre choix (le coton biologique, le bambou et le lyocell sont tous de bonnes options). Les gants de toilette doivent être changés plusieurs fois par semaine (et votre serviette de bain une fois par semaine), alors assurez-vous de faire des réserves pour pouvoir laver une charge complète de gants et de serviettes pendant le week-end.

Faites vos propres masques

Qui a dit que les personnes qui ne gaspillent (presque) rien ne peuvent pas suivre les tendances ? Au lieu d'acheter des masques à usage unique pour votre visage, essayez de créer votre propre masque personnalisé à partir d'une vieille taie d'oreiller, d'un T-shirt ou d'un mouchoir. Découpez un carré de tissu légèrement plus grand que votre visage, drapez-le sur votre visage et, à l'aide d'un crayon à maquillage non imperméable, tracez le contour de votre visage, juste à l'intérieur de la ligne des cheveux. Tracez ensuite le contour de votre bouche et de vos yeux et marquez l'emplacement de vos narines. Retirez le tissu, découpez des trous aux endroits marqués et replacez le masque sur votre visage en l'ajustant si nécessaire. Maintenant que vous avez un modèle, vous pouvez fabriquer quelques masques pour les garder à portée de main. Lorsque vous êtes prêt à utiliser un masque, il suffit de le saturer avec le traitement de votre choix, qu'il soit acheté dans le commerce ou bricolé.

Choisissez des marques de produits de beauté qui font des efforts

Les poudriers et les tubes de rouge à lèvres traditionnels en plastique comportent souvent des composants métalliques, ce qui les rend inéligibles à la plupart des programmes de recyclage, mais il existe des moyens plus efficaces de tendre vers le zéro déchet lorsqu'il s'agit de votre maquillage et de vos soins de la peau. De nombreuses marques de produits de beauté utilisent des emballages recyclables et compostables, expérimentent des matériaux recyclés, notamment le plastique, le carton et l'aluminium, ainsi que le bambou durable, le verre et la résine plastique dérivée du maïs, et proposent des récipients réutilisables et des recharges pour leurs produits.

Utilisez des parfums qui ont du sens

On estime que les parfums, les sprays pour le corps et autres parfums personnels contiennent généralement une douzaine ou plus de produits chimiques synthétiques potentiellement dangereux, y compris des produits pétrochimiques, qui sont dérivés du pétrole et produisent des gaz à effet de serre. Il est toutefois difficile de faire des recherches sur votre parfum préféré, car les fabricants de parfums ne sont pas légalement tenus de divulguer les ingrédients de leurs produits. La bonne nouvelle est qu'un nombre croissant d'entreprises se consacrent à la création de parfums naturels à partir d'ingrédients durables, dans des emballages recyclables et rechargeables, avec des listes d'ingrédients totalement transparentes. Que vous choisissiez des parfums à base d'huiles essentielles ou des parfums solides en boîtes recyclables, votre parfum de prédilection doit vous faire sentir aussi bien que vous sentez.

Réduisez les déchets liés aux règles

Si vous utilisez actuellement des serviettes hygiéniques et des tampons traditionnels, vous serez peut-être intéressée de savoir qu'il existe en fait de nombreux moyens de parvenir à des règles sans déchets. D'un point de vue écologique, les tampons conventionnels ne sont pas géniaux. Ils sont fabriqués à partir de coton blanchi et non biologique (un matériau dont la production nécessite une quantité énorme de ressources naturelles et de pesticides), et certains contiennent également des colorants. Et si votre marque habituelle est conditionnée dans des applicateurs en plastique emballés dans des emballages en plastique et rangés dans une boîte en carton... vous pouvez voir comment les déchets s'accumulent. Pour commencer, essayez de passer à un applicateur en carton ou, mieux encore, à une marque sans applicateur. Allez encore plus loin en optant pour une marque biologique. Si vous voulez vraiment vous éloigner des produits jetables, les culottes de règles et les tampons en coton réutilisables sont deux autres solutions. L'idée est la même : le tissu absorbe le sang pendant que vous le portez, puis vous l'enlevez, le rincez, le lavez et le portez à nouveau. Les adeptes des culottes menstruelles jurent qu'ils ne rencontrent pas de fuites ou de sensations désagréables, mais si vous êtes sceptique, vous pouvez toujours essayer une méthode qui a fait ses preuves : la coupe menstruelle. Vous insérez cette coupe flexible en silicone ou en latex, comme un tampon, et elle se colle aux parois vaginales, recueillant le sang avant qu'il ne quitte votre corps. Vous pouvez la laisser en place jusqu'à douze heures, puis la retirer, la vider, la laver à l'eau et au savon, et la réinsérer.

Recherchez des vêtements d'entraînement durables

De plus en plus de marques de vêtements de sport utilisent des matériaux recyclés post-consommation, du coton biologique, des teintures à faible impact et des emballages respectueux de l'environnement, ce qui permet de remplacer plus facilement vos collants de course ou vos shorts de vélo préférés lorsqu'ils finissent par tomber en panne.

Créez une salle de sport à domicile avec des articles ménagers

Une bonne séance de sport ne doit pas nécessairement coûter cher ou nécessiter un équipement spécial. Si l'on peut affirmer que l'adhésion à un club de fitness ne génère aucun déchet, car il s'agit d'un service et non d'un produit, il n'en reste pas moins que ce club doit alimenter son chauffage, sa climatisation et son électricité, laver les serviettes usagées et remplacer fréquemment les équipements usés ou obsolètes (ou courir le risque de perdre des membres, ce qui rendrait tous les autres efforts opérationnels encore plus coûteux en termes de ressources par personne). Au lieu de cela, utilisez les objets de votre environnement domestique pour obtenir un entraînement stimulant. Voici quelques idées ; jetez un coup d'œil à votre propre maison pour trouver d'autres astuces multitâches.

- Devenez un maître de l'escalier. Enfilez vos chaussures de course et montez et descendez les escaliers jusqu'à ce que vous sentiez la brûlure. Vous avez besoin d'un plus grand défi ? Essayez d'en prendre deux à la fois, à la même vitesse.
- Utilisez une chaise de cuisine comme levier. Tremplins pour triceps, fentes, planches — ces exercices de musculation et bien d'autres peuvent tous être effectués à l'aide d'une chaise ou d'un banc dur (non rembourré).
- Glissez sur des serviettes. Les glisseurs peuvent maximiser l'intensité des mouvements de base comme les montées en montagne et les planches. Sur une surface lisse et solide, les serviettes fonctionnent aussi bien que les équipements spéciaux.
- Utilisez des porte-boissons pleines comme poids. Remplissez deux récipients à boisson de taille égale, propres et secs, de haricots secs ou de riz, vissez les couvercles à fond, puis soulevez-les. (Trop lourd ? Enlevez quelques haricots, puis travaillez jusqu'à une bouteille pleine dans chaque main).

Réutilisez un vieux tapis de yoga

De nombreux tapis de yoga sont fabriqués à partir de PVC (chlorure de polyvinyle) issu du pétrole et rendus flexibles par des phtalates, qui sont des perturbateurs hormonaux connus. Le PVC n'est pas facilement recyclable — vous ne pouvez pas le jeter dans votre bac à plastique et le laisser sur le trottoir — et, pire encore, une fois que le PVC est mis en décharge, il peut laisser échapper du chlore, des substances cancérigènes et d'autres produits chimiques toxiques dans le sol et dans l'air. Si vous avez un vieux tapis de yoga en PVC, faites tout ce que vous pouvez pour prolonger sa durée de vie et l'empêcher de nuire à l'environnement. Voici quelques idées :

- Faites-en don à une association caritative. Si votre tapis est en bon état, faites-en don à une association caritative locale ou voyez si le centre communautaire du quartier ou le centre pour personnes âgées peut l'utiliser.
- Donnez-le à un refuge pour animaux. Vérifiez auprès des refuges de la région s'ils acceptent les tapis de yoga comme litière ou pour tapisser les caisses.
- Utilisez-le dans le jardin. Un tapis de yoga fait une généreuse genouillère pliable que vous pouvez facilement nettoyer au jet.
- Apportez-le à la plage. Jetez-le dans le sable pour vous y allonger et gardez votre serviette pour vous sécher.

- Emportez-le en pique-nique. Un tapis de yoga offre une surface plus stable sur l'herbe qu'un drap ou une couverture.
- Utilisez-le pour les soirées pyjama et le camping. Il offre un petit rembourrage supplémentaire entre le sol et votre sac de couchage.
- Transformez-le en sac de voiture. Pour transporter des plantes en pot, des animaux domestiques, des bottes boueuses, du matériel de surf mouillé...
- Utilisez-le sous les bols d'eau et de nourriture pour animaux. Découpez-le pour qu'il s'adapte et que les dégâts soient contenus.

Achetez un nouveau tapis de yoga durable

Si votre tapis actuel convient à votre pratique, conservez-le. Mais si vous avez besoin d'un nouveau tapis, choisissez-en un en caoutchouc naturel ou en jute, des matériaux biodégradables qui ne dégagent pas de composés volatils.

Voyagez à proximité et au loin avec zéro déchet

Si vous pouvez marcher ou faire du vélo partout, faites le plus souvent. Mais si vous ne le pouvez pas, faites preuve de bon sens. Prenez les transports en commun chaque fois que c'est possible, et économisez le carburant par d'autres moyens lorsque vous le pouvez. Soyez efficace en ce qui concerne l'équipement et les plans de voyage. Utilisez les astuces et les stratégies qui correspondent à votre style de vie lors de vos déplacements pour vous rendre au travail, rendre visite à votre famille et à vos amis, et explorer le monde.

Portez des chaussures confortables pour marcher

Pour parler franchement : si vous ne pouvez pas faire un pâté de maisons avec ces chaussures, vous savez que vous finirez par conduire (ou demander à quelqu'un d'autre de vous déposer). Épargnez-vous donc la dépense de CO_2 et assurez-vous que toutes les chaussures que vous portez sont suffisamment confortables pour marcher. Vous ne pouvez pas vous séparer de vos chaussures préférées les moins pratiques ? Rangez une paire de baskets dans votre sac à dos pour pouvoir les enfiler et sauter le bus, le métro ou la location.

Utilisez davantage les transports publics

Les métros et les trains produisent en moyenne 76 % d'émissions de gaz à effet de serre en moins par passager qu'un véhicule moyen à occupation unique (c'est-à-dire votre voiture) ; les systèmes ferroviaires produisent 62 % de gaz à effet de serre en moins et les transports en commun par bus 33 %. Épargnez à la planète les gaz à effet de serre et la pollution de l'air — et épargnez-vous le stress de la conduite — en utilisant les transports publics chaque fois que vous le pouvez. C'est-à-dire lorsque vous vous déplacez dans votre ville ou que vous vous rendez au travail, mais aussi lorsque vous voyagez hors de la ville. Il n'y a pas de meilleur moyen de découvrir une autre ville que d'emprunter ses métros, trains et bus.

Faites du vélo

Une distance qui pourrait sembler insurmontable à pied peut sembler incroyablement faisable sur deux roues. Un voyage de 25 km aller-retour pour acheter votre miel local préféré ? Pas de problème. Il suffit d'enfiler un casque (et un sac à dos pour transporter les achats) et de prendre la route. La seule énergie utilisée à vélo est la vôtre, ce qui signifie que vous venez de faire une séance d'entraînement presque sans déchets. Une double victoire pour vous et pour la planète.

Procurez-vous d'une voiture électrique ou hybride

En adoptant un véhicule hybride ou électrique, vous contribuerez à faire baisser la consommation de pétrole, à réduire la dépendance au pétrole, à rejeter moins de CO_2 dans l'atmosphère et à réduire notre taux collectif actuel de production de gaz à effet de serre. L'argent que vous économiserez sur l'essence ? Considérez-le comme un bonus. Si vous achetez une nouvelle voiture entièrement électrique, les économies ne s'arrêtent pas là. Vous pouvez désormais bénéficier du bonus écologique pour l'achat d'un véhicule électrique d'occasion. Pour l'achat d'un véhicule neuf électrique ou hybride rechargeable, les barèmes évoluent à compter du 1er juillet 2021 puis en 2022. Enfin, vous pouvez toujours bénéficier de la prime à la conversion pour mettre votre ancien véhicule à la casse et en acquérir un nouveau moins polluant. Mais celui-ci devra répondre à de nouveaux critères à compter du 1er juillet 2021.

Maximisez votre rendement énergétique

Si vous conduisez un véhicule qui dépend entièrement ou partiellement de l'essence pour fonctionner, assurez-vous de consommer le moins de carburant possible. C'est très facile, il suffit de conduire comme un adulte. Ne freinez pas brusquement, n'accélérez pas brutalement et ne roulez pas à une vitesse folle, et maintenez un rythme régulier autant que possible. De plus, gardez le coffre vide quand vous le pouvez : plus votre voiture est lourde, plus elle a besoin de carburant pour se déplacer. Ainsi, même si cela peut sembler être une bonne idée de garder votre coffre plein d'équipement de plage (ou de pêche ou de randonnée) pour des excursions spontanées d'une journée, ce n'est pas la solution la plus écologique.

Vérifiez la pression de vos pneus

Que vous conduisiez un véhicule à deux ou quatre roues, le maintien d'une pression correcte des pneus rend non seulement la conduite plus sûre, mais prolonge également la durée de vie de vos pneus et peut augmenter le rendement énergétique (moins de carburant = moins de pollution et d'émissions de gaz à effet de serre). Vous pouvez améliorer votre consommation de carburant jusqu'à 3 % en maintenant vos pneus gonflés à la bonne pression. Consultez l'intérieur de la porte du conducteur ou le manuel du propriétaire pour connaître la bonne pression recommandée pour votre voiture.

Réservez des vols directs

Vous voulez découvrir d'autres cultures, voir d'autres régions du monde et vous immerger dans l'humanité dans toute sa diversité. Pourtant, pour parcourir une grande distance, vous devrez probablement prendre l'avion, un acte qui contribue à polluer notre planète, mettant en péril la Terre et tous ses habitants. Au lieu de vous résigner à regarder des documentaires de voyage en streaming sur votre ordinateur portable depuis le confort de votre canapé, voyagez plus intelligemment.

Première étape : réservez des vols directs. C'est au décollage et à l'atterrissage que l'on gaspille le plus de kérosène, donc plus vous faites cela en une seule fois, plus le coût environnemental de votre voyage est élevé. Oui, c'est peut-être plus cher que de prendre un vol de correspondance, mais c'est un petit prix à payer pour préserver la santé de notre planète et de ses habitants (y compris la vôtre).

Oubliez le surclassement

Un avion peut contenir plus de sièges en classe économique que de sièges en classe affaires ou en première classe, ce qui signifie que plus il y a de passagers dans l'avion, plus l'empreinte carbone de chacun est réduite. Des recherches menées par la Banque Mondiale ont révélé que l'empreinte carbone par kilomètre des classes affaires et première est "sensiblement plus élevée" que celle de la classe économique. Par conséquent, si vous voyagez en classe économique, vous ferez non seulement des économies, mais vous serez également un héros de la réduction des émissions de gaz à effet de serre. (Et gardez votre héroïsme à l'esprit la prochaine fois que le passager devant vous inclinera son siège sur vos genoux. Pensez : je sauve la planète. Je sauve la planète. Je sauve la planète).

Achetez des compensations carbone

Afin de rendre votre voyage neutre en carbone, vous pouvez également vous tourner vers les compensations carbone. L'idée est que vous avez réduit votre impact sur l'environnement de toutes les manières possibles, mais que vous voulez quand même compenser le reste. En gros, vous dépensez de l'argent pour financer un projet qui réduit les émissions de gaz à effet de serre, qu'il s'agisse de planter des arbres, de capter les gaz d'enfouissement ou de produire de l'énergie éolienne. Certaines compagnies aériennes ont même des programmes qui vous permettent de calculer votre empreinte de CO_2 par vol, puis de choisir de soutenir un projet par l'intermédiaire des organisations avec lesquelles elles ont établi un partenariat - et si vous voyagez à l'étranger, vous ne serez bientôt plus seul à supporter la charge. Un accord des Nations Unies appelé CORSIA prévoit que les compagnies aériennes elles-mêmes commencent à compenser leurs vols internationaux.

N'achetez pas d'articles de toilette au format voyage

Lorsque vous voyagez, veillez à adopter la même mentalité de réduction des plastiques que celle que vous appliquez à vos soins quotidiens. Plutôt que d'acheter des versions miniatures de vos savons, shampooings, lotions et autres produits de soins personnels préférés, mettez certains de vos produits préférés dans de petites bouteilles et boîtes métalliques réutilisables. Ou, si vous avez déjà une étagère pleine de mini articles de toilette qui prennent de la place dans votre armoire, utilisez-les jusqu'à ce qu'ils soient vides, puis remplissez-les encore et encore, pour éviter qu'ils n'entrent dans le flux de recyclage du plastique ou dans la décharge.

Faites des bagages légers

Il existe de nombreuses théories sur la raison pour laquelle les compagnies aériennes font payer les passagers qui voyagent avec des sacs supplémentaires. Lorsque ces frais ont été mis en place, c'est le prix du kérosène qui était en cause. Aujourd'hui, certains sceptiques suggèrent qu'il s'agit simplement d'une source de revenus à laquelle les compagnies aériennes ne veulent pas renoncer, d'autant que nous avons tous pris l'habitude de payer. Quoi qu'il en soit, les redevances sont là pour rester. Mais si cela ne suffit pas à vous faire reconsidérer votre cinquième paire de chaussures, rappelez-vous que plus vous emportez de bagages dans l'avion, plus votre empreinte carbone individuelle est importante. Par conséquent, n'emportez que ce dont vous avez besoin, assurez-vous que vos chaussures peuvent être utilisées pour différentes tenues et activités, et appelez à l'avance pour savoir s'il y a des sèche-cheveux ou des serviettes de plage disponibles là où vous séjournez. Non seulement vous serez plus respectueux de l'environnement, mais vous éviterez également les frais de bagages supplémentaires et allégerez votre charge lorsque vous traverserez les aéroports ou que vous porterez vos bagages dans les escaliers ou dans la navette de l'hôtel.

Refusez les reçus

Prenez l'habitude de refuser les reçus en papier à la caisse, que vous achetiez une pomme à la gare ou que vous quittiez votre hôtel. Les reçus en papier thermique sont généralement recouverts de BPA (bisphénol A), un produit chimique perturbateur endocrinien qui, selon le National Institutes of Health, joue un rôle dans l'infertilité féminine et masculine, la puberté précoce, le cancer du sein et de la prostate et les troubles métaboliques, notamment le syndrome des ovaires polykystiques (SOPK). Une étude a révélé que le BPA contenu dans les tickets de caisse peut être absorbé par la peau lors d'une manipulation normale. De plus, si vous recyclez ces tickets de caisse, il est possible que des traces de BPA soient recyclées avec eux, peut-être dans des articles comme les serviettes de table, le papier toilette ou d'autres matériaux qui entreront à nouveau en contact avec votre peau. Heureusement, il est de plus en plus facile de se passer du reçu : de nombreux fournisseurs — des pharmacies aux grands magasins en passant par les restaurants et les centres de villégiature — vous demanderont si vous souhaitez recevoir un reçu par courrier électronique ou par SMS.

Travaillez à domicile

Si vous avez la possibilité de travailler à domicile, essayez de le faire plus souvent. Pensez à toutes les ressources que vous pourriez économiser :

- Eau (évitez la douche)
- Café à emporter (pas de tentation de prendre un gobelet en papier et un couvercle en plastique sur le chemin du bureau)
- Solvant pour le nettoyage à sec (pas besoin de nettoyer à sec vos vêtements de travail)
- Carburant pour le trajet
- Pollution sonore et atmosphérique liée aux déplacements
- De l'électricité pour éclairer le bureau (les plafonniers du bureau sont sûrement plus gourmands en énergie que l'ampoule LED de votre bureau à domicile).
- Le gaz pour chauffer le bureau (contrairement à la plupart des lieux de travail, vous avez le contrôle total du thermostat à la maison).
- Les fournitures de bureau (pas besoin de photocopier ce rapport et de le porter sur le bureau de votre collègue).

... et vous pourriez probablement imaginer d'autres ressources propres à votre situation de travail et de vie. Le fait est que les entreprises commencent à comprendre que le télétravail présente de nombreux avantages — pour le travailleur, pour l'entreprise et pour l'environnement.

Construisez une garde-robe avec zéro déchet

En tant que culture, nous sommes un peu des drogués de vêtements. Plus c'est nouveau, plus c'est frais, plus c'est tendance, mieux c'est - et puis une fois qu'une pièce est usée, ou simplement démodée, nous nous en débarrassons.

Les déchets liés aux vêtements commencent avant même que vous n'arrachiez les étiquettes d'un nouvel article. La demande de fibres synthétiques, en particulier de polyester, a presque doublé au cours des quinze dernières années. La fabrication de ces tissus synthétiques nécessite de grandes quantités de pétrole brut et libère des émissions, notamment des composés organiques volatils, des particules et des gaz acides comme le chlorure d'hydrogène, qui peuvent tous provoquer ou aggraver des maladies respiratoires. Les monomères volatils, les solvants et d'autres sous-produits de la production de polyester sont émis dans les eaux usées des usines de fabrication de polyester.

Les tissus synthétiques ne sont pas les seuls matériaux à présenter un profil environnemental défavorable. Le coton nécessite des produits chimiques et de grandes quantités d'eau et d'autres ressources pour être produit. Le coton biologique utilise peut-être moins de produits chimiques, mais sa culture nécessite toujours de l'eau, des terres et d'autres ressources naturelles. Le bambou est une ressource durable, mais sa transformation en tissu doux comme nous le connaissons aujourd'hui nécessite des solvants chimiques nocifs comme la lessive et le disulfure de carbone. Conclusion ? Il n'y a pas de tissu parfait à choisir pour une garde-robe zéro déchet et respectueux de l'environnement. Pas encore, en tout cas.

Mais il est possible de créer une garde-robe (presque) sans déchets. Comme pour tous les efforts visant à éliminer les déchets, il s'agit de réduire progressivement votre impact sur les vêtements, les accessoires et les chaussures, et d'explorer toutes les options disponibles pour éviter que vos articles jetés ne se retrouvent dans les décharges. Parmi les nombreuses idées proposées ici, vous devriez en trouver au moins quelques-unes qui correspondent à votre style.

Créez une garde-robe capsule

Cette tactique présente un double avantage : moins de choix, c'est moins de fatigue pour prendre des décisions, et plus de temps dans votre journée, puisque vous ne vous retrouverez pas devant une armoire ouverte, à essayer de trouver quoi porter. Une garde-robe capsule est une garde-robe remplie de quelques pièces clés de bonne qualité, au style classique et aux couleurs neutres (ou audacieuses - assurez-vous simplement qu'elles sont toutes coordonnées). Vous devez pouvoir combiner ces pièces dans différentes configurations pour créer des looks multiples au fil des saisons et des années. Avec une garde-robe capsule comme base, vous pouvez actualiser votre look d'une saison à l'autre à l'aide d'accessoires (un foulard vintage, par exemple) sans avoir à vous débarrasser complètement de vos vêtements pour des pièces plus récentes et plus tendance tous les quelques mois. La garde-robe capsule est individuelle, elle dépend de vos préférences (jupes et robes?), de votre style de vie (costumes traditionnels?) et de votre lieu de résidence, mais cette liste est un bon point de départ :

- Pantalon noir
- Jeans
- Short
- Blazer
- T-shirt blanc
- T-shirt noir
- Bouton blanc
- Trench-coat
- Veste en jean
- Pull-over
- Leggings
- Jupe
- Robe

Achetez d'occasion dès que vous le pouvez

Des ventes de charité aux sites de consignation de créateurs, il n'y a jamais eu autant d'occasions de trouver des vêtements, des chaussures et des accessoires d'occasion à tous les prix et dans tous les styles. Que vous soyez à la recherche de trouvailles vintage uniques ou de pièces de mode haut de gamme que vous ne pourriez peut-être pas vous offrir autrement, prolonger la durée de vie des articles de seconde main permet non seulement d'éviter qu'ils ne se retrouvent à la décharge, mais aussi de réduire la demande globale d'articles neufs. Et si nous sommes de plus en plus nombreux à nous détourner des articles flambant neufs, fabriqués à bas prix et connus sous le nom de "fast fashion", nous enverrons un message fort à l'industrie de l'habillement et du textile : les consommateurs sont avides d'options plus durables.

Vérifiez les ingrédients de votre cuir végétalien

Oui, certains nouveaux cuirs végétaliens innovants sont fabriqués à partir de peaux d'ananas, de liège, de toile enduite ou même de chapeaux de champignons. Mais la majorité des articles en cuir végétalien sont fabriqués à partir de chlorure de polyvinyle (PVC) ou de polyuréthane, autrement dit de plastique. (Des années avant qu'on ne l'appelle cuir végétalien, on l'appelait cuir plastique). Si vous achetez une veste, des chaussures ou un sac à main en cuir, vérifiez l'étiquette pour savoir exactement de quoi il est fait. Mieux encore, achetez du cuir végétal dans les magasins d'occasion et sur les sites Web, et offrez à une pièce plus ancienne une vie prolongée, loin de la décharge.

Ne donnez que ce qui est encore portable

Il est très tentant de prendre tous les vêtements dont vous ne voulez plus et de les envoyer à votre association caritative préférée. Mais certains articles ne devraient pas être donnés du tout. Il existe un moyen simple de décider si cette chemise ou ces chaussures sont dignes de la poubelle des dons. Demandez-vous : est-ce qu'il est troué ? Taché ? Usé ? Irrémédiablement malodorant ? Si vous ne pouvez pas imaginer quelqu'un d'autre portant cet article en public la tête haute, trouvez un autre moyen de vous en débarrasser. Les vêtements et autres dons doivent toujours être en bon état — trop grands ou trop petits pour vous, peut-être, ou plus à votre goût, mais toujours portables.

Veillez à ce que vos vêtements aillent là où on en a besoin

À l'heure actuelle, il existe un excédent mondial de vêtements de seconde main donnés, en partie à cause de la tendance à la mode rapide, dans laquelle les consommateurs font défiler leurs garde-robes à un rythme plus rapide que jamais, se débarrassant des articles de la saison précédente au profit de pièces plus récentes. De plus, ces dernières années, un certain nombre de pays d'Afrique de l'Est ont entrepris d'interdire l'importation de vêtements et de chaussures de seconde main. Dans le but de stimuler leur économie et de créer des emplois, ces pays veulent développer leur propre industrie de l'habillement au lieu de vivre des déchets des autres pays.

Les communautés de personnes ayant réellement besoin de vêtements usagés étant moins nombreuses, la chose la plus responsable que vous puissiez faire est de vous assurer que vous donnez des articles qui trouveront une seconde vie auprès de quelqu'un d'autre au lieu de finir dans un entrepôt, puis d'être brûlés ou jetés dans une décharge. Contactez les églises ou les synagogues locales, les centres d'action communautaires et les refuges pour sans-abri ou pour femmes afin de connaître leurs besoins en matière de dons, ou faites un don à des organisations nationales qui soit donnent des articles directement aux personnes dans le besoin, soit vendent les articles dans des magasins d'occasion et utilisent les recettes pour aider d'autres personnes.

Apprenez à coudre ou trouvez un bon tailleur

Savoir comment faire un ourlet à une robe trop longue ou rentrer un pantalon trop grand est utile lorsque vous faites des achats d'occasion, mais aussi lorsque vous voulez continuer à porter vos vêtements préférés dans votre garde-robe actuelle. Coudre un bouton, repriser un trou, rentrer une taille, remonter ou descendre un ourlet… sont autant de tâches de couture simples que vous pouvez facilement maîtriser à la main avec une aiguille et du fil, ou — encore plus rapidement et facilement — avec une machine à coudre de base. Bien sûr, si vous n'êtes pas du genre bricoleur, vous pouvez dépenser un peu d'argent pour des retouches de base chez un tailleur réputé et repartir avec une garde-robe sur mesure.

Organisez un échange de vêtements

Vous connaissez la règle, n'est-ce pas : si vous n'avez pas utilisé un article au cours des trois derniers mois, vous n'en avez probablement pas besoin dans votre vie ? Appliquez ce principe de base à votre garde-robe au début de chaque saison, mais adaptez-le en fonction de la période de l'année. Avez-vous porté ce pull l'hiver dernier ? Sinon, vous ne le porterez probablement pas non plus cet hiver. Débarrassez-vous de ce qui ne vous va plus, puis fixez une date et invitez vos amis à une soirée d'échange de vêtements. Tout le monde repart avec quelque chose de nouveau pour lui, et la satisfaction de savoir qu'il a sauvé des vêtements, des chaussures et des accessoires de la décharge. Voici comment organiser un échange de vêtements :

- Fixez des règles. L'idée est que les vêtements, chaussures et accessoires que chacun apporte soient en bon état et stylés.
- Faites en sorte que la liste des invités soit modeste. En fonction de l'endroit où vous organisez la réunion — un petit studio ou une maison plus spacieuse — vous voulez un groupe suffisamment nombreux pour qu'il y ait de la variété, mais pas trop pour que vous n'ayez pas de place pour exposer les articles. Pensez à sept à quinze personnes.
- Désignez des postes. Les vêtements d'un côté de la pièce, les chaussures de l'autre, les

accessoires dans le couloir. Répartissez un peu les choses pour que les gens aient de l'espace pour regarder.

- Faites plaisir à tout le monde. Ou du moins, essayez de le faire, en vous assurant qu'il y a au moins deux personnes ayant à peu près la même taille de vêtements ou de chaussures à la réunion. (Sinon, avec qui votre ami d'un mètre quatre-vingt pourra-t-il échanger ?)
- Créez un système d'échange. Facilitez les choses : pour chaque pièce que quelqu'un apporte, il peut choisir une pièce à emporter.
- Prévoyez des vestiaires et de nombreux miroirs. Une fête d'échange fonctionne mieux lorsque les gens font du shopping, essaient et décident en même temps ; les choses ralentissent si c'est un à la fois.
- Proposez des collations légères et des boissons. C'est une fête, après tout. Gardez les choses simples et évitez le vin rouge. Il tache.
- Donnez les articles non désirés à une association caritative. À la fin de la fête, proposez de rassembler tout ce qui reste et de le donner à une bonne cause.

Achetez auprès de marques durables

Lorsque vous achetez de nouveaux articles, assurez-vous que votre argent va là où va votre cœur en achetant des marques durables. De nos jours, les entreprises n'hésitent pas à faire part de leurs dernières initiatives en matière d'environnement et de durabilité. Si une marque vous intéresse, consultez son site Web pour voir ce qu'elle fait pour réduire son impact sur la planète.

Prenez bien soin de vos chaussures

Plus vous traitez vos chaussures, plus elles dureront longtemps, qu'il s'agisse d'une paire bon marché achetée sur un coup de tête ou d'une folie coûteuse dans laquelle vous espérez être enterré.

- La sagesse conventionnelle veut que les chaussures de course soient remplacées tous les trois cents à cinq cents kilomètres, mais en les entretenant correctement, vous vous rapprocherez de la barre des cinq cents kilomètres. Laver les baskets à la main permet de garder le tissu propre et frais et de protéger les semelles des coups qu'elles subiraient même avec le cycle délicat de la machine à laver. Et, oui, laissez-les sécher à l'air libre.
- Rangez toutes les chaussures dans un casier, une boîte ou un sac à chaussures pour éviter qu'elles ne prennent la poussière.
- Utilisez des embauchoirs pour les aider à garder leur forme, surtout lorsqu'elles sont

rangées pour la saison. Pour les chaussures hautes, vous pouvez enrouler de vieux magazines et les coller dans les tiges pour les aider à rester droites.

- Polissez ou lustrez les chaussures en cuir au moins une fois par saison, et brossez périodiquement les chaussures en daim pour enlever la saleté de surface et préserver le pelage.
- Essayez de ne pas porter les mêmes chaussures deux jours de suite ; alterner les chaussures permet non seulement de ménager vos pieds (pour éviter les ampoules, par exemple), mais aussi de les protéger des éléments extérieurs, de l'usure et de votre sueur.
- Si vos chaussures sont mouillées, remplissez-les de papier journal pour absorber l'humidité. (Vous n'avez pas de papier journal sous la main à réutiliser ? Utilisez plutôt une serviette).
- Vérifiez régulièrement les semelles. Si vous savez que vous allez marcher longtemps avec des chaussures en cuir ou à semelles synthétiques, demandez à un cordonnier de tapoter la pointe et le talon pour les garder neuves plus longtemps. Si vous avez devant vous des semelles déjà usées (surveillez particulièrement les talons), apportez-les au cordonnier dès que possible : il faudra peut-être les remplacer entièrement pour sauver les chaussures.

Faites don de vos chaussures pour qu'elles soient redistribuées ou recyclées

Outre le don de chaussures à votre association caritative locale préférée, vous pouvez également les envoyer à des entreprises et organisations qui recyclent et redistribuent les chaussures à d'autres personnes dans le besoin.

Achetez des vêtements mixtes pour enfants

Vous avez un petit ou plusieurs enfants ? Vous savez alors à quelle vitesse ils grandissent, et les chaussures et les vêtements deviennent si vite trop grands que les articles sont encore pratiquement neufs lorsqu'ils sont devenus trop grands pour eux. En choisissant des vêtements mixtes, vous serez en mesure d'utiliser ces articles avec votre prochain enfant ou de les transmettre à des amis ou à des membres de votre famille, quel que soit le sexe de leur enfant. Oui, les garçons peuvent porter du rose et les filles des T-shirts camion, mais plus les couleurs, les styles et les motifs des vêtements sont universels, plus il sera facile de les transmettre à un nouvel enfant, encore et encore et encore.

Lavez vos jeans moins souvent

On entend souvent dire que le denim est peu respectueux de l'environnement, qu'il s'agisse du coton utilisé pour le fabriquer (qui nécessite de grandes quantités d'eau, de terres et d'autres ressources naturelles, et dépend fortement des produits chimiques pour sa croissance et la prévention des maladies), des teintures indigo parfois synthétiques (dont le ruissellement des usines pollue les rivières de la région) ou des produits chimiques agressifs utilisés pour les rinçages et les finitions personnalisés. Mais en termes d'émissions de dioxyde de carbone sur la durée de vie d'un jean, 18,6 kg proviennent de son lavage ; c'est plus que le total des émissions de CO_2 créées par la culture du coton, la coupe, la couture et la finition du denim, et son transport jusqu'au point de vente. Si vous n'êtes pas obligé de suivre un régime d'entretien des jeans aussi extrême que celui du PDG de Levi's, qui a déclaré publiquement qu'il ne lavait pas ses jeans en machine, vous pouvez vous inspirer de la position officielle de la marque, selon laquelle les jeans doivent être lavés environ une fois par mois (à moins que vous ne fassiez une tache sur votre paire, bien sûr). Ce conseil vise à prolonger la vie et l'apparence de vos jeans - et les économies environnementales sont un avantage supplémentaire.

Abandonnez le nettoyage à sec

Vous déposez vos vêtements pêle-mêle dans votre sac à linge réutilisable, et ils reviennent sur des cintres métalliques, emballés individuellement — parfois avec des doublures en papier — dans des sacs en plastique. Certains nettoyeurs vous permettent de rapporter vos cintres et même de fournir votre propre sac à vêtements, ce qui peut vous aider à vous rapprocher du zéro déchet, mais n'oubliez pas les solvants chimiques utilisés pour nettoyer les vêtements. Traditionnellement, les nettoyeurs utilisent du perchloroéthylène, un produit chimique considéré comme une cause connue de cancer (vessie, œsophage, estomac, intestin et pancréas) et de toxicité pour la reproduction. Il a également un impact sur l'environnement : il a été démontré que le perchloroéthylène contamine le sol, l'eau et l'air intérieur et extérieur.

Comme alternative, vous pouvez laver à la main la laine, la soie, le coton, le lin et la plupart des tissus en polyester à la maison. Mais ne confondez pas le lavage à la main avec le "lavage en machine au cycle délicat". Si vous avez déjà mis un pull en laine dans la machine pour qu'il en ressorte rétréci à la taille d'une poupée, vous ne ferez pas cette erreur deux fois. Remplissez plutôt une bassine (évier, baignoire ou grand seau) d'eau fraîche et d'un peu de détergent doux pour laine ou même de shampooing pour bébé. Ensuite, faites tremper et tourbillonner doucement vos articles, un par un. Rincez-les tous, puis épongez l'eau à l'aide d'une serviette et mettez-les à plat pour les faire sécher sur une autre serviette ou un étendoir, ou les deux.

Accrochez une corde à linge

Un sèche-linge typique peut consommer autant d'énergie qu'un réfrigérateur, un lave-vaisselle et une machine à laver neufs réunis. Même si les modèles plus récents et plus économes en énergie consomment moins d'énergie, la majorité des foyers possèdent des machines de plus de cinq ans, et 30 % d'entre elles ont plus de dix ans. Pour une approche (presque) zéro déchet, n'envoyez pas votre sèche-linge inefficace au cimetière des appareils électroniques obsolètes, mais installez une corde à linge. Que vous l'installiez dans votre salle de bains, votre buanderie ou votre jardin, c'est un moyen peu coûteux et sans déchets de sécher vos vêtements. De plus, elle pourrait bien prolonger la durée de vie de vos vêtements. Le séchage de vos vêtements sur une corde, une étagère ou un cintre permet de préserver leur forme, d'éviter qu'ils ne frottent contre d'autres vêtements dans le sèche-linge, ce qui peut donner au tissu un aspect usé, et de réduire votre empreinte carbone. De plus, si vous faites sécher vos vêtements à l'air libre à l'intérieur pendant les mois d'hiver, vous humidifiez naturellement l'air sec, sans aucun coût pour vous ou la planète.

Emmaillotez votre bébé avec des couches en tissu, et non des couches jetables

Même les plus petits membres de la famille peuvent vivre (presque) zéro déchet, à commencer par leurs couches. Les chercheurs ont constaté que la fabrication de couches jetables et le lavage de couches réutilisables consomment à peu près la même quantité d'énergie, mais les couches lavables ont l'avantage en ce qui concerne l'élimination dans les décharges. Selon des estimations récentes, 4,3 millions de tonnes de couches ont fini dans des décharges aux États-Unis au cours d'une année (et non, cela n'inclut pas les déchets humains qui sont jetés avec elles). Les couches lavables biologiques peuvent être fabriquées à partir de coton, de chanvre ou de bambou et, bien qu'aucune de ces fibres n'ait un impact nul sur l'environnement, elles sont plus proches de l'absence de déchets que les couches jetables traditionnelles, qui contiennent généralement de la pâte de bois, un polymère super absorbant composé de polyacrylate de sodium ou de polyacrylate dérivés du pétrole, des feuilles de polyéthylène et de polyester, un élastique et un ruban de polypropylène.

Vivez à zéro déchet dans votre communauté

Lorsqu'il s'agit de vivre (presque) à zéro déchet dans le but de préserver les ressources de notre planète et de l'empêcher de devenir une décharge géante, deux choses sont vraies en même temps : nous pouvons chacun faire notre part en tant qu'individus pour faire la différence, et nous devrions tous travailler ensemble pour faire la différence.

Chaque geste que vous faites pour réduire les déchets que vous produisez contribue à faire baisser la quantité globale. Mais lorsque vous vous associez à vos amis, à vos voisins, à vos collègues de travail — ou à tous, en même temps — vous pouvez accomplir un changement plus important et le voir se propager de communauté en communauté.

Cela signifie-t-il que vous devez orienter toutes les conversations de la salle de pause vers votre nouveau shampooing ou les délicieuses noix crues en vrac que vous avez découvertes ? Non, vous n'êtes pas non plus obligé de donner des détails sur votre tas de compost riche en vers lors du prochain dîner auquel vous participez. Mais cela signifie que lorsqu'un ami du club de lecture vous posera des questions sur votre fantastique veste vintage, vous pourrez lui faire savoir que ce n'est pas seulement le style rétro qui a attiré votre attention, mais aussi le fait que vous l'ayez sauvée de la décharge. Cela pourrait même susciter l'intérêt d'une visite de groupe dans votre magasin de vêtements vintage préféré, ou conduire à un échange saisonnier de vêtements après la prochaine discussion sur un livre.

Si vous en avez envie, vous pouvez également être une voix active contre les déchets dans votre communauté, en organisant des nettoyages et des échanges de groupe, en faisant pression pour un changement de politique et en diffusant le message de la réduction des déchets par tous les moyens possibles. Vous trouverez ci-dessous des idées pour introduire la mentalité "zéro déchet" dans votre communauté, que ce soit à petite échelle, à grande échelle ou de toute autre manière adaptée à votre personnalité, votre temps et vos intérêts.

Contribuez à un jardin communautaire

Certains jardins communautaires cultivent collectivement des aliments pour les cuisines locales, tandis que d'autres donnent à chaque membre un endroit pour cultiver sa propre nourriture et la manger ou la partager comme bon lui semble. D'une manière ou d'une autre, cultiver plus d'aliments près de chez soi permet de réduire la dépendance à l'égard des aliments acheminés par avion ou par camion depuis l'extérieur de la ville, sans parler des possibilités de compostage communautaire — plus la parcelle de jardin est grande, plus le besoin de déchets alimentaires nourrissants provenant de tous les habitants de la ville est important. Un jardin communautaire dynamique et florissant est également un excellent moyen de promouvoir publiquement l'idée de cultiver sa propre nourriture : souvent, ces jardins sont situés dans des lieux publics tels que des terrains vagues, des pelouses de bibliothèque ou des cours d'école, visibles par tous ceux qui passent. Lorsque les gens s'arrêtent pour vous poser des questions sur votre participation, parlez-leur un peu de ce qui vous motive et de la façon dont ils peuvent s'y prendre eux-mêmes.

Apprenez les règles de recyclage de votre ville

Nous pensons tous savoir comment recycler, n'est-ce pas ? Si seulement c'était aussi simple que de séparer le papier, le plastique et le verre de vos déchets destinés aux sites d'enfouissement. Saviez-vous qu'une boîte à pizza en carton tachée de graisse n'est pas recyclable ? Ou qu'un sac de supermarché en plastique doit être recyclé par des moyens spéciaux, plutôt que d'être mélangé aux bouteilles d'eau et aux bidons de lait en plastique ? Une recherche rapide sur les règles de recyclage de votre ville vous donnera toutes les indications dont vous avez besoin pour recycler correctement. Les détails sont importants, car lorsqu'un lot de recyclage est contaminé par un article sale ou un article qui n'a tout simplement pas sa place, l'ensemble du chargement peut être rejeté et envoyé directement à la décharge.

Ramassez après les autres

L'une des façons de modifier le comportement des autres est de donner l'exemple. Lorsque vous repérez une bouteille d'eau jetée par terre, ramassez-la et portez-la au bac de recyclage le plus proche. Vous remarquez un emballage de sandwich égaré sur la plage ? Apportez-le à la poubelle. Oui, vous faites un effort pour éviter que la planète ne soit envahie par les déchets d'autrui, mais vous donnez également l'exemple d'un bon comportement à tous ceux qui vous regardent - et vous espérez que votre sens des responsabilités sera attrapé. Il y a des milliers de personnes dans le monde qui ramassent chaque jour des déchets sauvages, et qui les documentent même avec des photos et des tags sur des sites Web. Utilisez ce sens de la communauté pour vous motiver et vous mettre au défi, tout en incitant les autres à suivre vos traces.

Organisez un grand nettoyage communautaire

Une fois que vous avez identifié un endroit en ville qui est jonché de déchets — le terrain de balle local, le parc public ou même le coin de rue au bout de votre rue — rendez-vous au conseil municipal ou à la mairie pour savoir comment organiser un nettoyage communautaire. Si la ville vous soutient, vous pourrez peut-être faire connaître votre nettoyage sur la page Facebook de la municipalité, sur le site Web officiel ou même dans les écoles.

Organisez une collecte de dons

L'inspiration peut venir de votre propre excès (trop de manteaux ! des articles de toilette inutilisés !) ou d'un besoin dans votre communauté. Quoi qu'il en soit, si vous rassemblez vos propres articles à donner, allez plus loin et demandez aux membres de votre communauté de faire de même. Votre collecte peut être aussi grande ou petite que vous le souhaitez : elle peut concerner uniquement un cercle d'amis proches ou toute la ville. Veillez simplement à contacter l'organisation caritative au préalable afin de connaître ses directives en matière de dons à grande échelle.

Utilisez la bibliothèque

Visiter votre bibliothèque locale peut vous donner accès à bien plus que ce qui est contenu dans le bâtiment lui-même. Les bibliothèques des mêmes comtés ou des mêmes consortiums partagent souvent leurs ressources, ce qui augmente vos options et vous permet d'emprunter du contenu à partir d'un vaste réseau à travers la région. De plus, votre bibliothèque possède probablement une collection numérique, ce qui signifie que vous pouvez accéder à une bibliothèque électronique remplie de livres numériques, de livres audio et d'options de mise en attente électronique qui vous avertissent lorsque le livre de votre choix est prêt à être emprunté. Outre les livres, votre bibliothèque peut également proposer une application de prêt de divertissement numérique qui vous donnera accès à des films, des séries télévisées, etc. En réduisant le nombre de supports de divertissement papier, vous aurez moins de choses à jeter une fois que vos étagères seront pleines ou que la technologie aura changé. (Il suffit de demander à quiconque a investi dans une énorme collection de CD dans les années 1990).

Demandez à votre ville de mettre en place un système de ramassage des déchets organiques sur le trottoir

Plus ces programmes se multiplient dans les villes du pays, plus les déchets alimentaires et les papiers souillés (y compris les boîtes à pizza graisseuses) sont compostés au lieu d'être envoyés à la décharge où ils produisent du méthane, un gaz à effet de serre, en se décomposant. Les détails varient d'une ville à l'autre — dans certains endroits, la participation est obligatoire et dans d'autres, les ménages doivent s'inscrire pour participer — mais l'essentiel est le même : vous collectez vos déchets alimentaires et certains produits en papier souillés, puis vous les mettez en bordure de trottoir pour qu'ils soient ramassés avec les matériaux recyclables.

Créez une petite bibliothèque gratuite

Vous avez des livres à offrir ? Partagez-les avec la communauté et encouragez les autres à faire de même en créant une petite bibliothèque gratuite dans votre ville. L'idée est simple : vous stockez et présentez des livres à emprunter dans une structure en bois facilement accessible au public, afin qu'il puisse les consulter, les emprunter, les donner et les rendre à sa guise.

Faites don de matériel indésirable aux refuges pour animaux

Tous ces animaux à quatre pattes qui attendent d'être adoptés ont besoin de nourriture, de chaleur et de confort. Vos couvertures polaires, vos serviettes et même vos chaussettes (qui peuvent servir de bonnets pour chatons nouveau-nés ou être remplies de riz non cuit pour faire des chauffe-lits) peuvent faire l'affaire pour un refuge local. De nombreux refuges dressent la liste des articles pouvant être donnés sur leur site Web, mais si vous ne trouvez pas ces informations sur le vôtre, appelez-les directement.

Proposez d'accueillir un programme "zéro déchet" à la bibliothèque

Les directeurs de bibliothèque sont toujours à la recherche de programmes intéressants à présenter à la communauté, et si vous avez un domaine d'expertise (même naissant !), pensez à partager vos connaissances avec les autres. Si vous avez maîtrisé le compostage, apprenez-le aux autres. Si vous préparez maintenant tous vos aliments pour bébé à partir de rien, invitez les parents à une séance d'initiation. Un programme sur la façon de faire les magasins d'occasion pour dénicher de superbes trouvailles vestimentaires sera populaire, tout comme un compte-rendu illustré de vos rénovations sans déchets. Partagez votre passion, faites passer le mot et participez à la réaction en chaîne d'une responsabilité croissante envers notre environnement et nous-mêmes.

Vous êtes déjà un héros du zéro déchet

Vous les avez lus — tous les conseils. Certains sont probablement déjà appliqués, d'autres peuvent être essayés aujourd'hui et d'autres encore demain. Mais si ce livre se veut complet pour vous aider à réduire les déchets dans tous les domaines de votre vie, il n'est en aucun cas exhaustif. Chaque jour, les gens trouvent des moyens nouveaux et innovants de consommer plus consciemment, de réutiliser de manière plus créative et de prêter et d'emprunter des choses que nous n'aurions peut-être pas faites il y a une génération - ou même une décennie !

Prenez ces idées et faites-les vôtres, puis dites à vos amis curieux, à votre famille et à des inconnus comment ils peuvent apporter ces changements dans leur propre vie. Et n'oubliez pas le pourquoi : plus nous partagerons les statistiques et les faits concernant les déchets et leur impact sur notre planète, plus nous reconnaîtrons l'importance de faire des changements pour le mieux.

Il est possible que, dans un an, tous les déchets que vous avez générés au cours de l'année tiennent dans un pot en verre. (Vous avez lu les blogs, vous savez que cela peut arriver). Mais il est également possible que vous ne soyez pas en mesure de quantifier la façon dont vous avez amélioré votre empreinte écologique. Ne vous en faites pas ; soyez heureux de savoir que votre bac de recyclage est moins rempli parce que vous achetez et utilisez moins d'emballages. Sachez que vous n'avez pas jeté de restes depuis des mois et que vous gardez une fourchette et un couteau en acier inoxydable à votre bureau pour le déjeuner. Sachez que ces chaussures avec lesquelles vous ne pouviez pas marcher sur un demi-pâté de maisons ont été données à quelqu'un qui pourrait les trouver plus confortables. Laissez vos réussites vous inspirer pour adopter d'autres habitudes et comportements sans déchets. Tout cela est important. Tout cela fait une différence.

Tout ce que vous faites permet de sauver la planète et tous ses habitants. Continuez à faire du bon travail !

Remerciements

Merci à tous les passionnés du zéro déchet qui inspirent le reste d'entre nous. Merci à tous ceux qui ont pris ce livre avec l'intention de faire un peu plus pour réduire leurs déchets que ce qu'ils faisaient hier.

Et un grand merci à notre planète. Après avoir écrit ce livre, je ne pourrai plus jamais considérer comme acquis ce que nous avons ici sur Terre. Je nettoie les déchets des autres à la plage, je repêche les plastiques non lavés dans la poubelle de recyclage pour les rincer, et je cherche les meilleurs endroits pour donner les vêtements et les articles ménagers dont on ne veut plus, afin qu'ils soient vraiment utilisés. (Et je garde aussi un bocal vide sur l'étagère de mon bureau pour me rappeler qu'il y a toujours un peu plus à faire).

www.ingramcontent.com/pod-product-compliance
Lightning Source LLC
Chambersburg PA
CBHW050241220526
45465CB00002B/511